Die Windsbraut

Wilhelm Fabricius,

Forstmeister i. R., 1980. Forstassessor, 1926.

Wilhelm Fabricius

GEISTER UND ABERGEISTER

Der Grüne Zweig 58

Impressum

GEISTER UND ABERGEISTER
Der Grüne Zweig 58
von Wilhelm Fabricius

3. Auflage
Umschlaggestaltung: Karl Krüll
Satz: Petra Petzold
Druck: Fuldaer Verlagsanstalt
Redaktion: Eugen Pletsch und Werner Pieper

Herausgeber: Werner Pieper's Grüne Kraft
Medienexperimente, Alte Schmiede, D-6941 Löhrbach
(Unter dieser Anschrift sind noch andere Bücher und Überraschungen erschienen. Unverbindlichen Katalog anfordern!)

ISBN 3-922708-58-7

Der »Rabensal«, der Weise mit dem Raben (Odhin), aus dem der Rübezahl gemacht worden ist.

Vorwort

Als ich vor acht Jahren das erste Mal den schmalen, wild überwucherten Pfad zu dem alten Weinberg emporstieg, wo mich ein Blütenrausch exotischer Bäume und Sträucher empfing, versuchte ich mir diesen alten Herrn vorzustellen, mit dem ich an diesem Nachmittag verabredet war.

Ich hatte ungefähr drei Jahre Hatha-Yoga geübt, einen durch gesunde Ernährung sensibilisierten Körper und einiges Wissen über östliche Religiosität im Kopf. Wie gesagt: im Kopf. Durch eine gemeinsame Bekannte weiterempfohlen, war einige Monate vorher ein Briefwechsel entstanden. So verdichteten sich nun meine Vorstellungen zum Bild eines sanft lächelnden, mit 76 Jahren sicher schon gebeugten alten Herrn, vielleicht mit längerem weißen Haar.

Statt dessen stand dann in der Tür vor mir in gleicher Höhe kerzengerade ein stattlicher Hüne mit wach forschendem Blick aus grau-blauen Augen, in Försteruniform und mit fast militärischem Haarschnitt, der mir zackig seine Pranke entgegenhielt, meine Hand recht markig schüttelnd. Ebenso zackig war die Aufforderung, einzutreten und in dem kleinen Arbeitszimmer (das die Atmosphäre einer Junggesellenbude hatte) auf einem bestimmten Stuhl Platz zu nehmen. Es klang jeweils wie ein Befehl, und bei meinem gebrochenen Verhältnis zu Militär und Soldatentum wurde ich etwas zurückhaltend. Das also war Wilhelm Fabricius, Jäger, Förster, Reiter, Schriftsteller, Pfadfinder, Umweltschützer, Stadtrat und was weiß ich noch...

Zuerst wurde ich durch den verwunschenen Garten geführt und mit all den exotischen Pflanzen vertraut gemacht, deren lange Namen ich sofort wieder vergaß. Nach einer knappen Selbstdarstellung zeigte er mir unvermittelt eigene grafische Arbeiten: aus schwarz beschichteten Sperrholztafeln mit dem Taschenmesser herausgeschabte Bilder. Bilder – in einer Art, wie ich sie noch nicht gesehen hatte und die mir nun einen ganz anderen Menschen vermittelten.

Es waren hauptsächlich Szenen aus dem Wald, wie man als Junge »Wald« geträumt hat. Riesige Bäume, durch die Sonnenlicht gleißend einfiel, Auerhähne, Hirsche, Rehe, Elche, vor allem Pferde. Wer in irgendeiner Weise ein Faible für Pferde hat, wird die Lebendigkeit und Differenziertheit der zeichnerisch ausgedrückten Qualität und Eigenschaften dieser Pferde bewundern müssen. Die meisten dieser Pferde waren dem Autor lange Zeit Diener und Helfer bei schwierigen Aufgaben. Ich habe nie einen Menschen erlebt, der ähnlich intensive und präzise Beziehungen zu Pferden und überhaupt zu Tieren gehabt hätte, und damit auch keinen, der in der Gesellschaft der Menschen, die mit zynischer Gleichgültigkeit alles auf diesem Planeten benutzen und ausbeuten, ein besserer »Sachverwalter« sein könnte. Dasselbe scheint aber auch für die Pflanzen- und Mineralwelt der Fall zu sein. In langen Erzählungen war ich hineingeführt in das Reich der Elementarwesen, der Elfen, der Feen und Nixen, die, wie W. Fabricius sagt, mit überschäumender Freude ihre Aufgaben in der Natur erfüllen. (»Wenn man einen besonders schönen Baum sieht, muß man natürlich seinem Elf Bewunderung zollen!«...)

Ich hörte aber auch von langen abenteuerlichen Ritten durch nördliche Winterwälder, von Begegnungen mit seltsamen Waldmenschen, Jägern, die auch in der wenig besiedelten Region bekannt und geachtet waren; Brüder im Dienste des großen PAN. Mythen und Kulte aller Rassen wurden angesprochen, Sinn und Bedeutung alter Sagen, die ich zwar kannte, aber nie verstanden hatte. Entschlüsselt und von mythischer Verkleidung befreit, verstand ich sie nach und nach und fragte mich nur, warum in heutiger Zeit Lehrer und Erzieher nicht einmal zu erkunden versuchen, was sie so unhinterfragt und oft bedenkenlos weitergeben. Obgleich mir der Kopf brummte, ich konnte nicht genug hören.

Nach acht Jahren, in denen es viele reiche Begegnungen, Briefe und lange Gespräche gab, habe ich manche Erzählungen wiederholt gehört und verstehe sie trotzdem oft wieder neu. Andere Bezüge stellen sich her, neue Zusammenhänge werden mir klar, und jedes Mal gehe ich wieder, reich beschenkt, meiner Wege, zusätzlich gestärkt vom Wasser der Nymphenquelle im Garten hinter dem Odenwaldhaus.

Die Bücher und Skripten von Wilhelm Fabricius, die ich inzwischen gelesen habe, bestätigen mir eine Welt, ein Sein der Natur, das mir als Kind und als Junge noch wirklich war, das ich dann verleugnen zu müssen glaubte, weil es von den mich bestimmenden Erwachsenen nicht anerkannt wurde.

Jetzt wurde mir dieses Erleben endlich wieder bestätigt, aber auch einem wachen Verstehenkönnen und Erfassenkönnen zugeführt. Ganze Nächte hindurch mit glühendem Kopf die Kapitel verschlingend, fand ich langsam zurück in große Rhythmen der faszinierenden Geschichte des Menschen auf diesem Planeten, zusehends mich geborgener fühlend in dem »Einen Leben«, von dem Wilhelm Fabricius immer spricht, wo die Zeit, vor allem in dem zumeist gedachten winzigen Maßbecher eines irdischen Lebenslaufes, keine vorherrschende Bedeutung mehr hat, wo aber Evolution neu und elementar erlebt werden kann.

Hineingewachsen in eine Zeit, die Wurzeln der eigenen Kultur gerne ignorierte, um dafür unbesehen fremde Formen zu adaptieren, wie dann, in den Endsechziger Jahren auf der Suche nach Spiritualität erst einmal vorwiegend östlichen Quellen zugewandt, bin ich erstmals wieder unvoreingenommen auf unsere Quellen aufmerksam geworden, wozu auch das alte Hellas und das frühe Christentum gehören.

Wie man das zu Selbstverständliche nicht mehr in Frage stellt und die »Dämonen« im »eigenen Haus« nicht so gerne sehen will, wird in den Bezugsbildern von »Geister und Abergeister« lebendig und leicht zur Erkenntnis gebracht. So gelingen ja Abergeistern oft die geschicktesten Tarnungen.

Für diese sanften Hinweise mit Humor und Güte, die zu jeder Zeit Kennzeichen weiser Schulung und Menschenführung waren, möchte ich Wilhelm Fabricius, weit über dieses Buch hinaus, herzlich danken. Dank auch Werner Pieper, daß er einen »Grünen Zweig« daraus gemacht hat, der sicher ausschlagen und Früchte tragen wird.

Juni 78 *Gerd Kraus*

Psychologie des Zusammenspiels mit den Geistern des Zwischenreichs

Elementargeister

Fangen wir, um unsere »Dienststelle« zu finden, nicht wie Naturwissenschaftler mit dem an, was man sieht, sondern mit dem, was unsichtbare Ursachen trägt. Denn wenn wir unsere Mitverantwortlichkeit sinngemäß eingliedern wollen, müssen wir hauptsächlich die unmittelbar Beauftragten kennen, mit deren Wirken das unsere in Einklang kommen soll.

Die »Geister des Zwischenreichs« sind uns allen aus ererbter Urweisheit bekannt, aber zumeist ganz in Vergessenheit geraten oder zu belächelten Märchenfiguren geworden. Dabei haben wir aber einen Teil unseres Menschenwesens verloren. Wir sind meist höchstens noch an Formen, Farben und Düften interessiert, nicht mehr an deren psychischen Wirkungen. Noch weniger bewegen uns die Ursachen, der Sinn und das Zusammenspiel in den Dienstbereichen der Naturgeistwesen.

Wie diese überhaupt erlebt werden können, zeigt als Beispiel eines meiner Erlebnisse mit ihnen in einem Gebiet, in dem die Menschen noch nicht viel Schaden angerichtet haben.

Der Ritt der Götter (Rauhe Alb 1937)

Schon die Einladung auf die Rauhe Alb war etwas rauh. Bei einem der ersten Frühlingsgewitter des Jahres hatte ein windhosenbekleideter Luftgeist die Post aus des Briefboten großer Tasche gefegt und auf dem nächsten Hektar Gelände verteilt, in dem auch das Forstamt lag. Zwar kam das Schreiben auf diese Weise viel schneller in meinen Besitz als durch die umständlichen Hände des Briefträgers und die noch umständlicheren der Schreibhilfe und ihrer Registratur, aber in stark verlehmtem und mit Pferdemist gedüngtem Zustand. Das Schreiben erreichte mich nach einigen Zwischenlandungen auf dem Luftweg im Stall: Kommandierung zu einer Schwadronsführerübung im Lager Münsingen.

Ich war sofort entschlossen, die zweihundert Kilometer dorthin mit meinem Pferd zurückzulegen. Konnte ich wissen, was einem bis dato unbekannten Reserveoffizier dort für ein Tragetier untergeschoben werden würde? Ich war von meiner Fuchsstute sehr verwöhnt; und was sollte diese drei Wochen allein auf ihrer Koppel tun? Meinen Urlaub hatte ich ohnehin noch vor mir.

Nach dem zweiten Tagesmarsch von je siebenzig Kilometern wurde ich von einem württembergischen Kollegen sehr freundlich aufgenommen, der seinen Dienst ebenfalls zu Pferde versah. Es war an dem Abend Besuch aus der Umgebung da. Als ich hereingeführt wurde, erzählte gerade einer der Missionare aus dem nahen Bad Boll von seinen Erlebnissen in Ostafrika. Irgendwo am Rand der Galeriewälder des Rufidji hatte er seine Station gehabt und mit den Dämonen gekämpft, die im Bewußtsein seiner Anbefohlenen spukten. Er erzählte von sehr merkwürdigen Wirkungen von Stammesbeschwörungen unter Tänzen und Gebeten, durch die »Regen gemacht« oder bei Steppenbränden »der Wind gewendet« wurde.

»Diese Geisterbeschwörungen«, sagte ich, »sind selbstverständliche Zusammenarbeit unverbildeter Menschen mit den Elementargeistern ihrer Heimat, die auf Gegenseitigkeit beruht. In alten Zeiten war das auch bei uns selbstverständlich. Eine meiner Ahnfrauen gehörte noch der ›alten Religion‹ an. Darin suchten von den Sippen ausgewählte Menschen in kultischen Tänzen den Elementargeistern Kräfte zuzuspielen und deren Gegengaben im Gedeihen von Vieh und Korn hervorzurufen. Aber dieses innige Verhältnis wurde im Mittelalter mit Inquisitionsgewalt unterdrückt.«

»Aber dort in Afrika sind es nicht gute, sondern böse Geister, die beschworen werden«, sagte der Missionar. »Unsere Missionsarbeit wird trotz der wirtschaftlichen Verbesserungen, die wir bringen, sehr erschwert.«

»Geister sind nur ›böse‹, wenn sie von den Menschen geärgert und gestört werden‹, sagte ein Herr dazu, der ebenso gut ein Offizier wie ein Gelehrter sein konnte. »Zum Beispiel durch wirtschaftliche Verbesserungen auf Kosten des Urwalds, der ›Heimat‹ dort. Für mich ist selbstverständlich geblieben, was bei den alten Germanen selbstverständlich war: als Gutsherr wie als Jäger versuche ich, die kleinen Geister in ihren ›Bestimmungen‹ zu beobachten und möglichst wenig zu stören. Ich fahre gut dabei!« Er verwies dabei auf die vielen Annäherungen natur- und geisteswissenschaftlicher Ergebnisse an richtig übersetzten Berichten des Neuen Testaments.

Das Verdammungsurteil des geistlichen Herrn blieb aus.

»Die Stimme der höheren Naturwissenschaften, die Sie vertreten«, sagte ich, »ist mir zum großen Teil neu; aber ich freue mich immer, wenn es etwas zum Staunen gibt, das unsere Ehrfurcht vermehrt. Aber als Sohn eines Archäologen bin ich nicht so sehr auf Entdeckungen gespannt, als begierig, die geistigen Hintergründe zu finden, die zu den seltsamen Kulten ehemaliger Lebensverständnisse geführt haben. Aber diese sind von den Kirchen durch Umdeutung besser versteckt als die Kultgegenstände im Boden. Dennoch fand ich durch Wachsein viele Erscheinungen in der Umwelt, die keine Entwicklungsmechanik hervorgebracht haben kann, sondern nur eine intelligente, oft sogar spielerische Kunst. Die Alten haben dies den Nixen, Nöcken, Elfen zugetraut, die ihrerseits zwar wieder von höheren Geistern oder Göttern geleitet, aber von Menschen beeinflußbar empfunden wurden.« Ich erzählte Beispiele, die den Anwesenden unbekannt waren, und der Theologe entfernte sich kopfschüttelnd.

Der kampffrohe Wissenschaftler forderte mich danach auf, einige Tage zu Pferde mit ihm zu wandern, und der Fortstmeister bestätigte, daß der gelehrte Herr ein reisiger Reiter, guter Botaniker und Kenner der Alb sei, der hier überall Freunde besäße. Ich sagte mit Freuden zu.

Da kam – es war schon ziemlich spät – der Pfarrherr wieder zurück. »Ich war töricht«, sagte er, »mich so ins Bockshorn jagen zu lassen! Ihr schält den Apfel der Erkenntnis mit entsetzlichem Umstand und unendlicher Sorgfalt in hauchdünnen Scheiben ab. Ihr kommt natürlich auch auf den Kern – woanders hin ist ja nicht möglich –, auf den Kern, den wir durch Glauben längst kennen, das Schöpfungswort Gottes, in seiner Entwicklung gesteuert von Gottes liebe- und planvoller Gerechtigkeit.«

Ich dachte erst, der Naturwissenschaftler fühle sich wieder herausgefordert. Aber das Gegenteil geschah:

»Genau das meint ein moderner Physiker«, sagte er, »wenn er mit Sir James Jeans zugibt, daß das Weltall anfinge, einem großen Gedanken zu gleichen.«

Wir schüttelten einander die Hände und brauchten uns kaum gute Nacht zu wünschen, die plötzlich so selbstverständlich geworden war, als gäbe es nur noch »gute Nächte«.

Die Übungen auf der Albhochfläche waren sehr schöne Reiterspiele, die meiner Stute absonderlich gefielen. Sie waren allerdings nicht sehr überzeugend bezüglich der Ratsamkeit, einen Krieg zu Pferde zu riskieren. Aber daran dachte auch keiner von uns. Es blieben mir danach noch ein paar Urlaubstage für die »Wanderungen zu Pferde«.

Am Treffpunkt erwartete mich ein scheinbar völlig anderer als der, den ich beim Forstmeister kennengelernt zu haben meinte. Er ritt mit der Haltung eines Turnierreiters einen Trakehner von tadellosem Gebäude. Reiter und Pferde begrüßten einander herzlich und voller Spannung. Herr von K. übernahm die Führung. Sein Pferd war ebenso wie das meine gewohnt, unter dem Reiter halsbrecherische Pfade bergauf und hinter ihm bergab zu gehen. Der Freiherr war überall gern gesehen auf Rittersitzen und Bauernhöfen.

Es gab eine Art Wettstreit zwischen uns, wer mehr Pflanzen und Tiere kannte, und der Reichtum der Alb an Seltenheiten hob ihn auf ein ziemlich hohes Niveau. Mit dem »Blauschwarzen Eisvogel« fing es an, einem Schmetterling, der nur Menschen umflattert, denen Schönheits-, nicht Sammlerfreude aus den Augen leuchtet. Die Orchideenparade war großartig! Aber als ich vom Pferd sprang, um einen säbelbeinigen Käfer namens »Pillendreher« aus einer Pfütze zu retten, schlug mir der Kamerad lachend auf die Schulter. »Das ist nach meinem Sinn! Hoffentlich wissen Sie auch, was Sie tun und handeln nicht aus Mitleid. Wir dienen dem einen großen Leben in jeder Gestalt. So versuchen wir auch, den Tieren ›gute Götter‹ zu sein. Bei unseren Pferden gelingt uns das sogar. Aber dann ist das Systematisieren und Registrieren, das wir bisher trieben, kein Gespräch für uns.«

»Gute Götter?« sagte ich und stieg wieder auf, indes der Käfer seiner Gattin die Brutkugel weiterzurollen half. »Gute Götter handeln ohne alle Neigung und ohne Ausnahmen zu machen. Für sie gibt es nichts Unbedeutendes, denn sie haben jedem Lebewesen bedeutet, wie es sein Leben führen und anderen dabei dienen soll. Außerdem sind wir erst dann ›gute Götter‹, wenn wir Umwelt und Innenwelt nicht mehr trennen, denn für Götter gibt es kein ›Gegenüber‹.«

»Sie haben recht«, sagte der Reiter. Wenn wir in der Hingabe an unseren Gutegötterdienst einmal so weit sind, können wir nicht mehr darüber reden.«

So ritten wir schweigend, wie eben erst von Asgard herabgestiegen, durch schmale Schluchten, in denen Elfen auf den hohen Blütenständen des Türkenbunds schaukelten. Sie wiesen Schmetterlinge, die »Taubenschwänzchen« heißen, an, wie sie beim Necktarsaugen die klebrigen Blütenpollen abstreifen und zur nächsten Blüte zur Fremdbestäubung tragen sollen. Wir trabten durch Kiefernwald, in dem die Purpurorchideen fast bis an die Steigbügel reichten. Dort stopften die Elfen auf den Blütenständen besuchende Bienen und Hummeln so tief in die Blüten, daß sie ganz mit Blütenstaub beklebt nur mit Mühe wieder herauskamen. Die Wacholderdryaden auf den Schafweideflächen sahen uns ernst an. Sie haben besondere Beziehungen zu »Höheren«, weshalb ihre Bäume alle Triebe himmelwärts strecken. Wir besuchten gegen Abend die Nymphen eines Quellteichs in tiefem Felsenkessel. Sie führten die Pferde freundlich zum Wasser und beruhigten die Rehe, die zum Schöpfen kamen, so daß sie sich von uns nicht stören ließen.

»Ich komme öfters hierher«, sagte der Reiter. »Hier ist mein Jagdrevier, in dem ich als mitverantwortlicher kleiner Gott notwendigerweise auch das Todeslos an Wild vollziehen muß, wenn es das gesunde Leben erfordert.«

Der Trakehner hatte es dann sehr eilig, in einen Stall zu kommen, und mein Pferd war auch schon »Rennen« gegangen. Die Liebkosungen der Elfen und Dryaden mit Baumzweigen fielen deshalb zum Teil etwas derb aus, als wir vorübergaloppierten. Aber Götter spüren ja Motive, nicht Auswirkungen. –

Wir waren an diesem Abend auf einem der kleinen Schlösser am Steilrand der Alb zu Gast. Mein Reiterfreund berichtete von unserem »Götterritt«. Er stellte mich scherzhaft als »Geisterseher« vor, der wie der alte Pan zwar nicht die Flöte blase, aber mit den Vögeln pfeifen und mit den Elfen reden könne. Ein junges Ritterfräulein wollte darauf gar zu gern wissen, wie eine solche, nur in den Märchen erzählte Verbundenheit zu den sichtbaren und den unsichtbaren Wesen in der Natur gelernt werden könnte.

»Die verbindende Idee«, sagte ich, »ist die, daß kein Wesen zufällig und ohne Zusammenhang mit seiner Umwelt entstanden ist, sondern daß jedes einen bestimmten Sinn und Auftrag darin hat. Diese suche ich in seiner Biologie und in seiner Partitur in der Harmonik des Lebens herauszufinden, und ihm bei seiner Realisierung, wo nötig, zu helfen. Das Ganze kommt auf eine neue Aufmerksamkeit und Dienstauffassung hinaus. Ich halte mich eben nicht nur bei unserem scherzhaft ›Ritt der Götter‹ genannten Unternehmen für mitverantwortlich als Mensch und deshalb für verpflichtet, möglichst viele Einzelheiten, namentlich aber Zusammenhänge der Natur, kennenzulernen. Meine Arbeitshypothese als Forstmann ist also: ›Angestellter der Schöpfung‹ und Beauftragter für Ordnung in den Waldverhältnissen. Deshalb bin ich nicht nur Chef meiner Leute, sondern muß auch die Lebewesen des ober- und des unterirdischen Waldes kennen und deren Zusammenspiel, einschließlich der Signale der höheren Tierwelt und – soweit möglich – dabei mitreden können«.

Natürlich mußte ich danach, besonders dem Ritterfräulein, Beispiele von der praktischen Auswirkung solcher Einstellung berichten und dazwischen Vogelstimmen erklingen lassen.

»Wir werden hier ›die Herrschaften‹ genannt«, sagte es. »Jetzt ahne ich erst, was das eigentlich bedeuten könnte und sollte.«

Aber der Hausherr sagte: »Wie nannten Sie sich? ›Angestellter der Schöpfung‹? Sind Sie da Parteigenosse?«

»Natürlich!« gab ich zur Antwort. »Ich verbaue mir doch nicht den Weg zur Mitverantwortung durch Nichtmitspielen. Nationaler Sozialismus ist für mich der Beitrag eines Volkes für die Menschheitsentwicklung, gemäß seiner besonderen Begabung. Das ist auch unser Geistauftrag: die Dankbarkeitsschuld für unsere Gaben. Ob das gerade bei uns richtig verstanden ist und keine Um- und Irrwege gemacht werden, können wir hier nicht erörtern. Aber es würde nichts besser, wenn ich nicht dabei wäre. Es wird die Kraft, die unserem Volk gegeben ist und nicht genutzt wird, wachgerufen. Der Gegenpol ist der Abergeist des Machtrausches aus Mißbrauch dieser Kraft. Er kann von außen nicht gebändigt werden.« Ich fand Zustimmung.

Von den Waldgeistern

Wir müssen über allen Wald ein Verständnis verbreiten, das wirklich mit Leben und Lebensverantwortung zu tun hat und keinen Unterschied zwischen »Wirtschaftswald« und »Urwald« gelten läßt. Jeder Wald ist psychische Notwendigkeit für die Menschen. Erholungsort, Wasserversorgung, Luftverbesserung, Holz sind nur Teile seines Dienstes, es ist nicht sein Wesen.

Der Wald ist auf der ganzen Erde in eine gefährliche Lage geraten. Diese entsteht durch die westliche Tendenz, alle Menschentypen allmählich ihrer verschiedenen Eigenarten, besonders ihrer Ideale und ihrer Heimatverbundenheit zu berauben. Zwar wird »Brüderlichkeit« dafür angeboten. Aber zugleich wird aus den Brüdern mit ihren Begabungen, die den Reichtum heimatgestalteter Typen ausmachen, ein Haufen entwurzelter »Normalverbraucher« gemacht. Das sind dann beliebig umsetzbare Arbeitskräfte. Was aus der von ihren Menschen innerlich verlassenen Heimat wird, deren Wälder dann »beliebig manipulierbare Rohstoffvorkommen« sind, danach wird wenig gefragt.

Diese Gefahr könnte gebannt werden, wenn überall anerkannt und danach gehandelt würde, was die Wissenschaften über den Wald herausgefunden haben. Danach ist er nirgends eine »Lebensgemeinschaft« zufällig oder durch den Menschen zusammengekommener Bäume, Kräuter oder Tiere, sondern ein je nach Lebensgeschichte und Standort außerordentlich vielgestaltiges »Lebewesen«, von dessen Zustand und Entwicklung überall auch die Menschen abhängig sind.

In diesem Lebewesen sind wie in jedem anderen die verschiedenen Organe in verschiedenen Bewußtheiten. Gesteine liegen etwa »im Tiefschlaf«. Tot sind sie nicht, denn wenn ihre Schmelzen kristallisieren, weiß jedes Mineral seine Kristallform und kennt seine Beziehungen zu den andren. Pflanzen schlafen und Tiere träumen, unbewußt ihren Bestimmungen und Instinkten gehorchend. Allein die Menschen sind relativ wach und damit alle mitverantwortlich für das Gedeihen dieses vielgestaltigen »Lebewesens Wald«.

Heute ist anerkannt, daß jedes Lebewesen eine »Steuerungszentrale« hat und von kosmischen Gedankenenergien in Mutationen, also sprunghaft, geleitet wird. Diese Energiequanten und -qualitäten sind aber derart zahlreich, minutiös Leben erhaltend und verändernd, daß wir uns genau so wie unsere Vorfahren gezwungen sehen, für ganz bestimmte, begrenzte Aufgaben die Existenz und Tätigkeit von Intelligenzen anzuerkennen, die innerhalb ihrer Dienstbereiche »schöpferische Aufgaben« delegiert bekommen. Aristoteles hat sie »Entelechien«, die »Zielgerichteten«, genannt.

Diese Geister sind zumeist noch namenlos und unerkannt in allen vier Elementen des Lebewesens »Wald« wie überhaupt unserer Erde tätig.

»Feuergeister« tragen den schönen Namen »Salamander«, aus dem Griechischen übersetzt: »Aufregung im Stall«. Sie bringen Empfindungen in Bewegung und Eregung, die wie Vieh im Stall eingesperrt sind, sei es als Liebe oder als Zorn. Im Walde regeln sie die feinen Strahlungen keimender Samen, die elektromagnetischen Wellen, die Fisch- und Vogelschwärme zusammenhalten, und sie ermöglichen die Signale der Ameisen mit ultrarotem Licht. Sie verwandeln zusammen mit der »Windsbraut« und dem alten Sturmgott Wotan Wald durch Wildfeuer in neue Lebensformen um und hoffen auf Menschenhilfe zur Begrenzung derselben. Sie sind aber betrübt, weil sie aus der Menschengemeinschaft weithin ausgetrieben sind und waldfremden Feuergeistern Platz machen mußten. Diese sind mit elektrischer, Öl- oder Gasfeuerung vielleicht praktisch, aber nie traulich wie die Brennholzfeuer und die Bienenwachslichtchen aus dem Wald.

Wer denkt an die Luftgeister im Wald, die, wenn sie nicht gestört werden, eine Unmenge fliegender und schwebender Tiere in ihre Lebensräume tragen, Samen verteilen, Blütenpollen zur Fremdbestäubung weitergeben? Sie tragen als Sylphen Duftstoffe oft feinster Verteilung durch den Wald, damit Insekten Blüten bestäuben, Tierpaare einander finden, oder um vor Feinden zu warnen. Sie heben die Kohlensäure aus dem Waldboden in die Spaltöffnungen der Nadeln und Blätter, damit dort mit aufgestiegenen Säften und mit Sonnenenergie neue Pflanzenorgane aufgebaut werden können. Wenn aber Menschen »Luftrennbahnen« durch die Wälder schlagen, vergessen sie ihren Dienst und jagen sinnlos oder schadenstiftend umher.

Wassergeister regeln in den Waldböden die Elektrolyse, damit Wasserstoffionen Gesteine zersetzen, Sauerstoff solche verwittern lassen kann. Sie schaffen die feinen Wasserfilme auf den Oberflächen von Erdkrümeln, in denen Riesenscharen von Kleinsttieren leben. Als »Nöcke« sorgen sie im Rauschen der Bäche für den Sauerstoffgehalt der Gewässer, damit Fische darin leben können. Als Nymphen sind sie verantwortlich für die Quellen, als Nixen für die besonderen Waldorgane an Teich und See. Sie füttern die Jungen der Lurche und jagen die gefräßigen Larven der Libellen aus dem Wasser, wenn nach drei Jahren der Tag ihrer Verwandlung gekommen ist. Diese erklettern die Halme der Binsen und des Schilfs, um dort ihre »Nymphenhaut« abzulegen. Als Libellen atmen sie dann als scheinbar völlig neue Tiere plötzlich Luft, können fliegen und mit neuen Augen nie gesehene Insekten als jagdbar erkennen und sie in nie geübtem Jagdflug fangen. All dies haben Entelechien in einem 2 mm großen Ei wie in einem Film gespeichert. Wir aber stören ihren Dienst, sobald wir Giftstoffe im Wald verwenden, Wasserläufe »regulieren« oder auch nur das Kleinklima im Wald irgendwo plötzlich verändern.

Die unendliche Zahl der Geisterchen der physischen Formgebung im Wald bringen die Beweise ihres Vorhandenseins auf seltsame Weise: Sie gehorchen zwar den lebenerhaltenden Fürsorgegedanken des Schöpfers. Aber in ihren Sondergebieten erlauben sie sich eine Umständlichkeit und Vielfalt, wie sie keineswegs biologisch notwendig ist. Noch weniger könnte sie »zufällig« entstanden sein. Sie ist einfach reizende Spielerei! Aber gerade diese bringt den unglaublichen Reichtum an formgewordenen Ideen und die zauberhafte Schönheit von deren Zusammenklang zustande. Denn die Entelechien halten sich genau an die Grundgesetze der Tonharmonik, nach denen alle Formen aufzubauen sind.

Aber um zum Beispiel den Auftrag zu erfüllen, daß die Blütenpollen einer Blüte auf eine andere Blüte derselben Art gelangen müssen, haben sie die reizendsten Methoden erfunden, die in ihrer Kompliziertheit nicht notwendig, eben »Spiel« sind. Dazu tun sich Blütenelfen mit Insektenelfen zusammen. So gibt es im Walde Blumen, in deren Nektaranlagen der Rüssel eines bestimmten Insekts hineinpaßt, wie ein Spezialschlüssel in ein kompliziertes Schloß. Hierbei werden den naschenden Insekten die Blütenpollen mitgegeben. Diese haben dann genau an der richtigen Stelle für sie selbst unnötige Haarbürstchen.

Die Bienen haben von ihren Betreuerinnen gelernt, wenn sie geradeaus fliegen wollen, die Sonne alle zehn Minuten mit dem nächsten Facettenauge einer Reihe ihrer vielen tausend Augen zu fixieren. Die Feuergeistchen geben ihnen die ultraroten Sonnenstrahlen frei, wenn die Windsbraut vor der Sonne Wolkenspiele macht, oder die Regentrude gerade gießen will. Wiethe, die Nebelfee, ist als die Gamsschützerin bekannt. Die Roggenmuhme deckt Rehe im Roggen und Fasanen im Mais.

Eine noch erstaunlichere Spielerei der Entelechien ist die unglaubliche Kompliziertheit der Zellteilungs- und Wachstumsvorgänge, durch die die farbenerzeugenden Oberflächengestaltungen der Schuppen auf Schmetterlingsflügeln oder gar die Pfauenfedern entstehen. Dabei ist »nachgewiesen«, daß diese Farbenpracht und Zeichnungskunst biologisch ebenfalls nicht erforderlich sind. Dasselbe gilt für die meisten Lieder, Trommelkonzerte, Balztänze und Flugspiele unserer Vögel. Und wer hat etwas von all den Farben, Gesängen, Spielen, dem Orgeln der Hirsche, dem melodischen Singen der Wölfe und der Gibbons? Vielleicht die Tiere selbst, vielleicht die Elfen, die alles erfanden – sicher die Menschen! Das ist die Dankbarkeit der Wälder, der die Verantwortlichkeit gegenüberstehen sollte. Im Markusevangelium (16/15) sagt der Auferstandene: »Gehet hin in alle Welt und bringt die frohe Botschaft der ganzen Schöpfung!« Diese frohe Botschaft für die Erde aber wäre, daß die Menschen endlich ihre Mitverantwortlichkeit begriffen haben und danach dienen.

Keine »Waldgeister« sind die Hexen unserer Märchen. In diesen steht »Wald« für »Welt«, für die undurchsichtige

Wirrnis, als die vielen Menschen die Umwelt erscheint.

Wenn wir die Steuerungsgedanken, die im Walde wirksam sind, rein wissenschaftlich zu ergründen und uns ihnen anzugleichen versuchen wollten, so würde das mindestens zu lange dauern, und es sind ja auch Nichtwissenschaftler im Wald mitverantwortlich. Wenn wir aber an die Waldgeister denken und versuchen, in ihrer Gemeinschaft im Wald das »Ich« zu sein, dann ist bei selbstverständlichem Willen zum Guten und Plangerechten unsere uns überlassene »Spielfreiheit ohne zu schaden« viel leichter in freundliche Taten zu bringen.

Unsere Vorfahren wußten, daß zuerst die Träger der Schöpfungsgedanken als Elfen, Nymphen oder Dryaden Leben gewonnen haben mußten, ehe physische Formen entstehen konnten. Heute ist die Existenz der Ätherwelt nachgewiesen. Diese »Baumeister« waren und sind Ätherwesen. Sie »wohnen« dann in ihren Bäumen und leben und vergehen mit ihnen. In Einführungsgedanken und Visionen der Menschen waren sie den Göttinnen und Göttern zugeordnet, für deren Wesen die Bäume Sinnbilder waren.

Die Liebesgeschichten, die der Dichter Hesiod von den Göttern mit Nymphen erzählt, dürften allerdings nicht ganz stimmen. Solche Baumeister hatten immer »Dienst«. Sie mußten entweder immer in ihren Bäumen oder in Begleitung des Götterboten Hermes sein. (Dessen Name »der innere Halt« macht den Sinn seiner Götterverbundenheit klar.) Hesiod erzählt nun, daß sich die Nymphe Daphne, von Vereinigungswünschen des Apollon verfolgt, in einen Lorbeerbaum verwandelt habe, die Elfe Pitys in eine Fichte und die Nymphe Syrinx, vom Pan bedroht, in Schilfrohr. Aber diese Elementargeister sind einfach zu ihrem bestimmungsgemäßen Dienst als Pflanzengeister getrieben worden. Daphne wird Gefolgin des Hermes als Elf der Heilpflanze Daphne laureola, des Lorbeerseidelbasts. Pitys kam in die Gefolgschaft des Poseidon, des Herrn der Schiffshölzer der Fichten, der Syrinx Singewesen klang danach aus der aus Rohr gebundenen Panflöte.

Nach alter Weisheit hing das Gedeihen von Bäumen, die einer Gottheit lieb waren, davon ab, ob die Menschen diese Gottheit ehrten und deren Gunst durch Achtung ihres Baumgeistgefolges zu sichern suchten. Das war der Sinn der Baumheiligtümer. Warum werden bei uns die Birken nicht alt? Sie waren Bäume der Göttin Aphrodite, der Herrin des Einsseins von Empfindung und Geist. Was hat die Theologie daraus gemacht? Eine Göttin der erotischen Liebe »zur linken Hand«. Sie wurde als solche in den Hörselberg verdammt. Gegen den Tannhäuser, der sie rehabilitieren wollte, sprach Papst Urban II. das Anathema aus. Aber ohne den Geist ihrer Göttin kann die Birke nicht alt werden!

Der Kirschbaum war in seinem schneeweißen Blütenschmuck bei den alten Griechen der Göttin der Reinheit, Arthemis, geheiligt, bei unseren Ahnen der Wanentochter Freya. Von dieser Verehrung ist nicht nur das köstliche Lied »Vom Chriesibaum« von Johann Peter Hebel übriggeblieben, sondern auch ein alter Brauch aus Hebels Schwarzwaldheimat:

Wenn wilde Kirschen zum Brennen geerntet werden, muß der Baumelf huldvoll gestimmt sein. So wurde und wird vielleicht heute noch der Baum feierlich gebeten, den »Kirschengeist« zu spenden. Die Kirschwasserflasche, das »Chriesiwassergütterli«, stand dann erst ein paar Jahre im »Herrgottswinkel« der Stube, und es heißt, daß der Genuß des Kirschengeistes dann nie zu etwas Schlechtem verleitet habe, wie das beim »Schnäpseln« sonst vorkommt.

»Arbor vitae«, der Lebensbaum, ist eine westasiatische Thuja, deren Verzweigungen alle himmelwärts gerichtet sind. Er leitet das Gebet der Frommen, wie die Antwort der Geistwelt. Eine ähnliche Wuchsform hat unser Wacholder, dessen Gestalt von ferne der eines Menschen gleicht. Er wuchs auch hierzulande auf den Mysterienstätten der Druiden, und sein Elf verstärkte die Inbrunst des ekstatisch Betenden. Vielleicht heißt er deshalb »der Wachhalter« oder als »Queckholder« der Lebendigerhalter. Dies ist besonders eindrucksvoll in unserem Märchen vom Machandelboom gezeigt. Der Duft seines Holzes im Feuer war Weihrauch, der Mysterienstimmung erzeugte.

Auch andere alte Beziehungen zwischen Menschen und Baumgeistwesen haben sich erhalten. So werden solche noch heute zu Hilfe gerufen, wenn Krankheiten in ihre Bäume »verbohrt« werden. Die Kirschen- oder Weidenfrau wird dann still gebeten, sie sorgfältig zu verwahren. Und ist es nicht besser, sich von Geistwesen betreut zu halten, als von

Zufällen und Zeitungsgerüchten umhergezerrt zu werden?

Die beste Zusammenschau der Gaben der Baumgeister an die Menschen, besonders die Frauen, ist der »Minnekranz« aus der Ritterzeit. Er bedeutet eine Charakterschilderung einer »minniglichen Maid«, wenn ein Minnesänger erzählte, welche Zweige die Gefeierte als Haarschmuck tragen durfte. Dieser Kranz war erst dann ganz vollendet, wenn er aus zwölf Zweigen bestand:

Ein Kirschenzweig war Zeichen der Reinheit, des Gehorsams und der Zucht. Ein Eibenbruch, der auch im Schatten grünt, bedeutet: Ausharrenkönnen ohne Klage. Ein Lindenzweig mit seinen herzförmigen Blättern betonte das Erwachtsein der Herzenskräfte der edlen Maid, die die des Mannes wachrufen. Daher kommt der Kosename »Herzblättchen«. Die »magdliche Birke«, die sich Anpassende, leicht Bewegliche, war Zeichen für Friedfertigkeit. Der Ahornzweig, dessen Blätter dem »Drudenfuß«, dem Pentagramm, gleichen, durfte getragen werden, wenn Einklang von Denken und Empfinden erreicht war. Der Zweig der alles ertragenden Erle sagte: »Meine Kräfte wachsen zuverlässig mit meinen Aufgaben nach.« Wacholderbruch betonte Wachheit und Verbindung mit den Heiligen. Die Buche gab mit einem Zweig das Zeichen: »Raterin der Sippe«, denn sie ist der alte »Losbaum«, in dessen Rinde Runen geschnitten wurden. Ein Eichenbruch zeigte Festigkeit in allen Stürmen des Lebens, auch notfalls hartes Entscheidenkönnen. Ein Eschenrütchen hingegen bewies Geschmeidigkeit und Einfühlenkönnen auch in die Welt des Mannes. Ein Tannenbruch berichtete von bewiesener Aufstiegsfähigkeit auch aus dem Dunkeln und in das Licht ragen können auch aus tiefem Schatten. Die Blüte der »goldenen Rose« war dann das alles verbindende Zeichen rechter »Gottesminne«.

Von den Nixen

Elementargeister kennen vielerlei Weisen, Menschen dazu zu bringen, daß sie sich ihrer wenigstens entsinnen und von ihnen sprechen.

So war ich eines Abends auf einem Gutshof eingeladen, zu dem auch Wald gehörte. Es war Vollmond, und ich machte den Weg zu Pferde. Von dessen Sattel aus konnte ich über die Gartenhecke sehen, hinter der in paradiesischer Schönheit die hellblonde Tochter des Hauses aus dem Schwimmbecken stieg. Sie winkte mir fröhlich zu, und ein zahmes Reh, das sich ihr zugesellte, bekräftigte den Eindruck, daß ich hier »jenseits Eden« war.

Nach der Waldberatung erfuhr ich, daß das Töchterchen eine begeisterte und begabte Schwimmsportlerin sei und in der Familie »die Nixe« hieß. Es entstand ein Nixengespräch, bei dem das Schwanenmädchen rasch begriff, daß »Schwimmbegabung« auch andere Begabungen umfaßt, und sie hörte mit großen Augen zu.

»Wasser«, das Element der Nixen, Undinen, Sylphen und Meerminnen, steht bei allen Völkern für die Empfindungs- und Wunschnatur, für Erregbarkeiten aller Grade. Deshalb gelten die Geister des Elements »Wasser« für besonders liebebedürftige Wunschwesen. Aber sie wollen sich nicht von Menschen »einfangen« lassen, sondern ihrerseits Männer in ihren Bann ziehen, um mit deren Hilfe aus der Begrenztheit als Elementargeist herauszukommen und eine menschliche Seele zu gewinnen. Dabei müssen sie – wie berichtet wird – genaue Bedingungen einhalten. Sie dulden keine menschliche Nebenbuhlerin und können es nicht ertragen, wenn sie bei ihren Kulttänzen beobachtet werden. Sie ehren damit ihre Gottheit, etwa Wilbete, die Mondfrau. Es kommt bei diesen Tänzen auf Ekstase an, die von Männerblicken gestört wird.

Von der Nixe Melusine, die schon in das Menschenreich erhoben schien – ihr Name bedeutet allerdings »die nur zum Teil Wesenhafte« –, wird erzählt, daß sie, als ihr Freund die Abmachung, sie an einem bestimmten Tag unbehelligt zu lassen, brach, in ihr Element zurückkehren mußte. Von einer anderen Nixe, die sich durch Männerfreundschaft zu befreien suchte, wird berichtet, daß sie sich geweigert habe, zu einer Tauffeier mitzugehen. Als Elementargeist darf sie bei einem solchen Kult nicht zugegen sein. Bei einer Hochzeitsfeier soll sie geweint haben. Für sie war »Ehe« das Aufgeben des besonderen Auftrags eines weiblichen Wesens durch das Einswerden mit dem Gemahl. Ihr eigenster Auftrag als Wassergeist war noch in ihr lebendig. Dagegen lachte sie bei einer Beerdigung laut. Elementargeister wissen, daß die Änderung der Daseinsform bei Ablegen des Erdenleibes kein »Tod« ist.

Ganz andere Wassergeister sind die »Schwanenjungfrauen«. Sie sind Wesen wie Aphrodite, die Schaumgeborene, und leben in der Zone zwischen Empfindung und Geist. Es galt als sehr schwer, sie als Lebensgefährtinnen zu gewinnen, die eine viel höhere Stufe menschlicher Liebe zu ihrem Aufstieg benötigen, bei Gelingen aber auch als großes Glück. Wenn ihnen nur aus Begierde das Schwanenkleid geraubt wird, fallen sie sogleich auf die Nixenstufe zurück und entschwinden, sobald sie ihr Gewand wiederfinden. Aber einem Mann, der wie sie in der Einheit von Denken und Fühlen lebt, bleiben sie treu.

Dies wird von »Wieland, dem Schmied« erzählt. Er schuf sich in der Sage ein künstliches Flugwerk, um sich aus Gefangenschaft zu befreien. Das Nichthaften an der Erde und ihren Erscheinungsformen, sondern Interessiertsein an deren unsichtbaren Gestaltern und deren Auftragsideen ist das Geheimnis, durch das sich Wieland die Liebe und Treue seiner Schwanenfrau Allweiß bewahrte, die ihrerseits dadurch eine Menschenseele gewann. Auch mein Familienwappen zeigt den Schwan mit dem Hufeisen im Schnabel, und wir halten das für eine Verpflichtung.

Das Grimm'sche Märchen von der »Nixe im Teich« schildert den anderen Pol der Berührungen von Menschen und Nixen. Ein Müller, dankbar an die Nixe denkend, deren Wasser ihm die Mühle treibt, wird reich. Sein Sohn aber lebt nur in seiner wilden Jagdpassion. Mit dem Triumphgefühl über ein erlegtes Wild wäscht er den Wildschweiß an seinen Händen gedankenlos im Teich ab. Er ist ins Untermenschliche abgesunken, und die Nixe zieht ihn zu sich ins Wasser. Seine Gattin sucht Hilfe auf der Kultstätte der Wilbete, der Mondfrau, der Helferin im Überschwang der Leidenschaften. Diese verlangt dazu drei Gaben: Ein goldener Kamm bringt Ordnung in die Wirrnis um den Kopf, eine Flöte läßt das Herz wieder zum Erklingen kommen, ein Spinnrad ermöglicht klare Gedanken zu spinnen. Der Versunkene wird gerettet und findet als Hirt – verantwortlich für Tiere – seine Menschenaufgabe wieder. In der nächsten Erweiterung seines Bewußtseins würde der Befreite nach dem Nixenerlebnis seinerseits versuchen müssen, der Nixe zu einer höheren Daseinsstufe zu verhelfen. Das Märchen ist früh zu Ende«, so berichtete ich.

»Sie führen uns ja beinahe in die Walpurgisnacht!« sagte der Gutsherr. »Die müssen Sie doch auch kennen!«

Es war ja Vollmond, und wir saßen im Park, das Reh und mein Pferd weideten friedlich nebeneinander. So konnte ich weiter berichten.

Walpurgisnacht

Walburga, eine englische Prinzessin, war von dort her eine Freundin der von Gott beauftragten Elementargeister. Mit ihren Brüdern Willibald und Wunibald ward sie Predigerin des Christentums bei den Germanen zusammen mit St. Bonifatius, dann Äbtissin in Schwaben. An einem 1. Mai wurde sie Heilige der katholischen Kirche. Nun gibt es zwei Legenden über die Nacht vor dem 1. Mai, die Walpurgisnacht. Die »klassische Walpurgisnacht« schildert Goethe als ein Fest von Abergeistern menschlichen Unverständnisses. Eine andere Legende aber berichtet von einer besonderen Ansprechbarkeit wirklicher Geister des Zwischenreichs für Menschen von der Freundlichkeit der Heiligen.

Mephistopheles, die klassische personifizierte Ausrede für menschliches Fehlverhalten, wird dabei nicht zugelassen. Einmal war in der Walpurgisnacht Vollmond. Ich feierte diese Nacht im Garten. Alle Wesen des Gartens hatten Zugang zu meinem Denken, solang ich in mir das Bewußtsein des »einen Lebens« festhielt. So wurde ich in der Sphäre der »Baumeister« zugelassen. Sie war von wundervoll farbigen Energiestrahlungen durchschossen. Aber alles Genießenwollen von Visionen und alle Wißbegier über deren Herkunft mußten ausgeschaltet bleiben. Dazu ist das menschliche Unterscheidungsvermögen unzulänglich. Dann erst können im Ätherbereich Einzelheiten wahrgenommen werden.

Ich war von drei darin herrschenden Stimmungen überrascht: Erstens von dem absoluten Gehorsam gegenüber den Gesetzen der Tonharmonik. Zweitens von der überschwenglichen Freude, mit der hier geschaffen und mit Spannung auf den nächsten Mutationsbefehl gewartet wird. Diese Freude drückt sich in den untermenschlichen Reichen in dem zur

Erhaltung biologischer Notwendigkeiten nicht erforderlichen Reichtum an Lichtbrechungen, Formen, Spielen, Düften und Lauten aus. Sie wirkt wie eine Hybris dieser Geisterchen. Drittens aber war ich betroffen von der Opferfreudigkeit dieser Wesen, sowohl gegenüber dem Menschenreich, als auch den niederen Naturreichen. Sie ist eine ausgewogene gegenseitige Hilfeleistung, in der nur die des Menschenreiches zur Zeit mangelhaft erscheint.

Wenn Tiere Pflanzen zu ihrer Ernährung brauchen, so gleichen sie dies zum Beispiel dadurch aus, daß die von ihnen ausgeatmete Kohlensäure zusammen mit dem von Kleinsttieren in wasserlösliche Stoffe umgesetzten toten Pflanzenmaterial den Neubau von Pflanzen mit Sonnenenergie ermöglicht. Es bestehen keine Feindschaften zwischen diesen Reichen, sondern eine unendliche Fülle geradezu liebenswürdiger Zusammenarbeit! Zwischen Pflanzen und Mineralien ist dies das enge Zusammenspiel in den elektrolytischen Umformungsvorgängen im Boden. Die »Baumeister, die Kristalle und Metallegierungen formen, opfern diese den Pflanzen, um sie dann aus zu Erde gewordenen Pflanzenleibern wieder aufzubauen. Die Störungen dieser Ordnung durch die Menschen kennen wir wenigstens teilweise aus dem Kapitel »Umweltschutz«.

Die Sonne ging auf. Der Reigen aller Geisterchen, als sie die Werke der Nacht der Sonne zeigten und die Schattenwesen sich freundlich verabschiedeten, war unbeschreiblich.

»Wenn ihr Menschen euch nur eurer ursprünglichen Begabung erinnern wolltet!« flüsterten Gartenelfen zum Abschied. »Sie ist ein inniges Verhältnis zu uns gewesen, die wir euch die Erde als gesunden Lebensraum erhalten wollen!«

Sie hatten recht! Wir müssen wirklich wieder ehrfürchtig, sorgfältig und freundlich werden. Auch sollten wir immer bis ins Einzelne wissen, was wir in diesen Lebensbereichen »anrichten«. Wir sollten aus Innigkeit, nicht aus Katastrophenfurcht, unser Verhältnis zu diesen »Lebenskameraden« wieder in Ordnung halten, sonst bleiben wir nicht Deutsche!

Und eines haben uns diese Unsichtbaren noch beigebracht: daß »keine Zeit für sie zu haben« eine faule Ausrede ist! Zeit ist da seltsam dehnbar. Es gibt Denkräume, in denen sie wie in der Telepathie gleich Null ist, und Flug-, Fahr-,

Reit- und Marschräume, in denen Zeitkomponenten vom Vehikel unabhängig sind. Dazu ein Gespräch mit einem »Streßmann«:

»Ach, noch so lang ist der Weg!« stöhnte er am Werbeschild eines Waldwirtshauses. »Wieviele Stunden brauche ich da?« »Das kommt auf Ihre Stunden an!« gab ich zur Antwort. »Wieso?« »Die Waldgeister können die Stunden verkürzen und verlängern. Wer ihren Vogelliedern zuhört, die Farben der Blumen und Schmetterlinge bewundert und dem Rauschen der Baumkronen lauscht, der wundert sich, wie schnell er am Ziel ist. Wer im Denkbereich mathematischer Wurzeln bleibt, der stolpert über die Baumwurzeln. Wer die Spiele der Waldgeister nicht in sein Herz läßt, dem schieben sie Steine unter die Schuhe, und dem fahren Brombeerranken über das Gesicht. Obwohl er fortgesetzt auf die Uhr schaut und zweimal prüft, ob er sie auch aufgezogen hat, scheint ihm die Zeit doch schlimmer zu schleichen als er selbst. Ein Kofferradio hilft da nichts.« Der Gute sah mich entgeistert an.

»Die Förster«, fuhr ich fort, »die Jäger und andere ›Umweltschützer auf Gegenseitigkeit‹ sind ziemlich zeitfrei. Ihre Dienstbezirke haben keine Dimensionen, sondern Aufgabenpunkte. Diese Leute haben keine Dienststunden, sondern immer Dienstgelegenheiten in Verbundenheit mit allem Leben um sie! Sie sind sogar unsterblich! Wenn einer von ihnen ›den Dienstbezirk wechselt‹ – sei es auf der Erde oder ins Jenseits – steht tags darauf wieder ein anderer da, den er sich nachgezogen hat, und wie der Vorgänger hieß, ist nicht wichtig.«

Geister der menschlichen Grenzen

Geisterwanderungen

Mit den »Völkerwanderungen« sind natürlich auch die mit einem Volk verbundenen Wesen des Zwischenreichs mitgezogen. Aber es ist ihnen dann oft so gegangen wie den unseren. Sie sind mit denen der neuen Wohngebiete in Zwist oder zu Zwischenlösungen gekommen und dadurch kultfremd geworden, und in Vergessenheit geraten. Aber ein bißchen wissen wir noch von ihnen, zum Beispiel von den Feen.

Die auf unwegsame Moore und Heiden vertriebene Urbevölkerung hieß in Wales und Irland die Fire Sidhes – die Feen. Die Isländer nannten sie Liuflingar, die Lieblinge; die Schotten Seely Wights, die seligen Wesen. Geister der Zwischenreiche und »Grabhügelleute« der Archäologen sind sehr schwer zu unterscheiden. Dasselbe gilt von den kleinen Ureinwohnern, die als Zwerge in unseren Märchen mitspielen. Ihre 60 cm hohen Stollen in ihren Metallgruben werden heute noch gezeigt. Aber sie waren lange Zeit, zum Teil auch heute noch, als die »Baumeister« unter der Erdoberfläche bekannt und galten und gelten als beeinflußbar durch die Freundschaft oder Verachtung der Menschen. Bei dem Willen, sie nicht zu stören, helfen sie als freundliche Hausgeister, und Verachtung macht sie zu Kobolden mit seltsamen Scherzen.

Die besten Beispiele für Geisterspiele bieten, wie gesagt, die Feen. Sie hatten unterirdische Kultstätten, in denen sie der »großen Mutter«, der Heimaterde, dienten. Die eingewanderten Germanen stellten sich diese unterirdischen Kultstätten als Feenpaläste voller Reichtümer und Zauber vor.

Denn die Kulte dieses Volkes scheinen magischer Art gewesen zu sein. Sagen berichten, daß Fremde, in solche Feenfeste geraten, den Begriff für »Zeit« verloren hätten (wie »der Ritter Manuel, der sein Haupt in eine Zauberschale bog« in der Mär von Agnes Miegel). Solche von Feen verführte Menschen sollen sich danach in der eigenen Heimat nicht mehr ausgekannt haben und auch den nordischen Stammesgenossen ganz entrückt erschienen sein, in einer fremden Bewußtheit, der der Urbevölkerung und ihren Fire Sidhes. Andererseits wird die Heilkunst und die freundliche Hilfsbereitschaft der Feen gerühmt, so besonders deren Kenntnisse über Sternenkräfte und Pflanzensäfte. So bringen im »Dornröschen«-Märchen 12 geladene Feen der »Königstochter Menschenseele« die zwölf Gaben des Tierkreises; die dreizehnte, die Ungeladene, Neuzeitlichste, die Gabe des geistigen Verschlafenseins hinter der Dornhecke von Hofetiketten und reinem Verstandesdünkel, dargestellt durch »Spinnen im Obergemach«. Aber dieser Schlaf soll nur hundert Jahre dauern, und die sind längst um. Die Fire Sidhes waren offenbar wenig beachtet von den Herrensippen. Aber in Sagen und Märchen wird von ihren kultischen Tänzen im Mondschein berichtet, mit denen sie im Freudentaumel der »großen Mutter« neue Kräfte zukommen lassen wollen. Sie trugen dabei rote Käppchen wie unser Rotkäppchen, das der »Großmutter« Wein und Kuchen bringen sollte. So wie diese waren die Feen gehalten, die Kräfte ihrer Lebenssteigerungen wirklich auszustrahlen und abzugeben. So wenig wie das Rotkäppchen hätte Blumen pflücken dürfen, durften die Feentänzer und -tänzerinnen ihre Kräfte zu erotischen Wünschen verausgaben.

Heimatliche Beobachter berichten oft, daß sie selbst solche Kräfte, je nach eigener Einstellung, als gute oder ungute wahrgenommen und verspürt hätten. Und alle heben die ätherische Leichtigkeit solcher Tänze hervor, woraus die Zweifel stammen, ob die Fire Sidhes Fleisch und Blut oder Naturgeistwesen des Zwischenreichs waren.

Die Berichte der Nordleute über die Feen sind deshalb teils voller Liebe und Zutrauen zu dem »stillen Volk«, teils Schauermärchen von erfahrener Tücke. Diese letzteren beziehen sich besonders auf die »Wechselbälge«. Die Feen sollen versucht haben, Kinder der großen nordischen Menschenrasse zu bekommen und eigenen Kindern dafür die besseren Lebensbedingungen des Herrenvolks zukommen zu lassen. Je nach der Gesinnung der unfreiwilligen Stiefeltern wurden aus diesen getauschten, unansehnlichen Feenkindern berühmte Musiker, Heiler und Heilerinnen oder unerträgliche Kobolde. Von den bei Feen aufgezogenen Herrenkindern wird nur Gutes berichtet.

Die ebenfalls in Hellas auftauchenden Tanzmädchen der Ostgermanen hießen die »Maiden«. Die Berühmteste unter ihnen war Kore – das griechische Wort für »Maid« –, die als Proserpina Herrin von Hel – griechisch Hades – wurde. Proserpina aber heißt die heimlich Hereingekommene. Auch bei den »Maiden« gab es keine Grenze zwischen Menschenmaiden und Maiden des Zwischenreichs, wie zum Beispiel die »Schwanenjungfern«. Solche waren in der Griechensage die »Graien«, hellhaarig wie vergreist, aber schönwangig und schwanengleich« und ohne Ichbewußtheit. »Zahn und Auge« hatten sie gemeinsam.

Durch das innige Verhältnis von Germanen und Kelten mit den Wesen der Zwischenreiche wurden deren Kulte der Feen und Maiden von den Griechen auf verschiedenartigste Weise mißverstanden oder in einer Bildersprache berichtet, die nicht ganz leicht zu deuten ist. So gingen die Feengeschichten als Abergeist-Legenden in die Sage ein, wie bei uns das Hexenwesen.

Unter den Zuhörern meiner Vorträge hierüber war aber einmal ein Pädagoge, ein Humanist, der natürlich sofort wissen wollte, was ich damit meinte; denn in alte Griechensagen neue Gedanken bringen zu wollen, war für ihn so schlimm, wie Laien- oder gar Naturwissenschaftlerideen in die Theologie zu träufeln.

»Sie kennen doch die Hesperiden, Herr Professor«, sagte ich, »vielleicht sind ›die Abendlichen‹ Feen gewesen. Vieles spricht dafür!« Sie wohnten auf einer ozeanischen Insel im äußersten Nordwesten – gen Abend, von Griechenland her gesehen – deren Lage niemand kannte. Sie wurden als freundliche Wesen beschrieben, und ihre Namen lauteten: LIPARA, der weiche Glanz, CHRYSOTHEMIS, die goldene Ordnung, ASTEROPE, die Aufblitzende, HYGIAIA, die Gesundmachende. So sind sie als Trägerinnen derselben Kräfte gekennzeichnet, wie die der Elfen in Goethes Faust, ihr »Apfelbaum« war Symbol der Einheit von Menschen und Maiden des Geisterreichs.

Oder was sagt die Sage über die NYMPHE KALYPSO? Diese homerische Nymphe wohnt auf einer fernen ozeanischen Insel, die die Götter »Nabel des Meeres« nennen. Sie haust wie die Feen in einer Höhle abseits der Menschen, und es wird von ihr berichtet, daß dort offenbar auch die Erdenzeit nicht bestand. Odysseus, der dorthin geriet, wurde erst zu seiner kosmischen Zeit: »als der Tag der Befreiung gekommen war«, von Hermes, dem »inneren Halt« herausgerufen. Homer hat nirgends berichtet, welche Erlebnisse Odysseus dort hatte, oder daß er von irgendeinem Menschen dort entdeckt worden sei.

Das seltsamste Feenwesen scheint in der Phantasie der Griechen die ECHIDNA gewesen zu sein. Sie wird oberleibs als schöne Nymphe beschrieben, die aber, statt auf Beinen zu gehen, auf Schlangen schleicht. Diese Verbindung von Mensch und Schlange oder einem schlangenähnlichen Fisch (Muräne) hängt offenbar mit der schlangengewandten Tanzweise der Feen zusammen, wie sie in England gerühmt wurde.

Der angebliche Abergeist Echidna wird in der griechischen Sage als eine Höhlenbewohnerin beschrieben, wie die irischen Sidhes, die »Grabhügelleute«. Es wird »Arima«, ihr herrliches Gewand, genannt, in das sie von den Hüften bis zu den Füßen verhüllt beschrieben wurde. Ihre Höhle heißt dort »Schlafgemach des Typhoios«, »der andere zum Narren hält«.

Diesem Typhoios soll die Echidna die seltsamsten Abergeister oder Unwesen geboren haben: Kerberos, den Höllenhund, Orthros, einen aufrechtgehenden zweiköpfigen Hütehund, den »Löwen von Nemea« und die »Wasserschlange von Lerna«. Aber sie alle ändern ihren Sinn und werden, wenn man sich nicht zum Narren halten läßt, zu Bildern fremdartiger und zum Teil entarteter Kulte vertriebener Nordleute in ihrer neuen Heimat um das Mittelmeer. Sie mögen die Echidna als geistige Mutter gehabt haben.

Die alten Kulttänze, damals wohl in Ekstase getanzt, sind heute noch als Volkstänze überliefert. In Cavaillon in der Vaucluse ist eine Tanzgruppe, die sich provençalisch »Li Papamoun Blu«, »die blauen Schmetterlinge« nennt. Diese sah ich als Gruppe Hand in Hand unter leiser Pfeifmusik, die an Vogelstimmen erinnerte, und sanften Trommelschlägen im Rhythmus des Herzschlags solche Tänze vorführen. Die Beine, von langen Gewändern verhüllt, bewegen sich weich, aber schnell wie sich ringelnde Schlangen. Hohe senkrechte Sprünge mit geschlossenen Beinen erinnerten an sich hochschnellende Nattern. Auch ich hätte diese Folkloretänzerinnen und -tänzer »Ophiopodoi«, Schlangenfüßige genannt.

Diese »Schmetterlinge«, dem Typ nach Kelten oder Westgoten, keine Romanen, sagten von diesen Tänzen nur »Ganz alte Tradition«. Sie freuten sich sehr, als ich ihnen sagen konnte, daß diese Tradition wahrscheinlich dreitausend Jahre alt sei.

In den griechischen Sagen spielt das einander Nichtverstehen und auch manche Entartung fremder Kulte eine große Rolle. Da die Griechengöttin Hera aus Hyperboraea stammte, war es besonders ihr Anliegen, die von dort in den Mittelmeerraum gekommenen Kultgruppen mit den griechischen Mysterien zu versöhnen oder sie, wo notwendig, neu zu beleben und auf höhere Stufen zu führen. Das war dann der wichtigste Teil der zwölf Aufgaben ihres Gefolgen, des Herakles. Da zur Lösung solcher Mysterienaufträge aber auch ein entsprechend fortgeschrittener Jünger gehört, sind die Herakleslegenden zugleich Berichte von Kämpfen zwischen Geist und Abergeist eines Heroen, dessen übermenschliche Begabungen ihn besonders auch zu einem Kämpfer mit sich selbst gemacht haben. Seine Geschichte ist noch heute ein psychologisches Beispiel solchen Kampfes, den wir alle bestehen müssen. Herakles war wohl in einem Hera-Heiligtum gezeugter »Sohn einer Jungfrau«, Alkmene, der Starken im Erwarten. In der Sage ist er »Zeussohn«. Aber alle Eifersuchtsgeschichten erweisen sich als irrtümliche Vermenschlichung der Atlanterin. Hera hatte ein Interesse an dem Reinbleiben der aus Hyperboraea in den griechischen Raum gekommenen Feen- und Maidenkulte. Sie war Göttin der Ordnung, des Zusammenklangs von menschlicher Verehrung und Dank der Zwischenreiche. Einer ihrer Beauftragten für diesen Dienst war Herakles. Ich möchte hier deshalb in neuer Weise von ihm berichten, weil wir selbst heute vor ganz ähnlichen Aufgaben stehen.

Die »Arbeiten« des Herakles

HERAKLES und sein älterer Halbbruder EURYSTHEUS, der in vieler Hinsicht Starke, des Herakles von den Göttern bestimmter und beeinflußter Auftraggeber, waren Enkel des Perseus.

Homer berichtet, daß Odysseus, von der Göttin Kirke in die Unterwelt geschickt, dort ein Zwiegespräch mit dem Schatten des Herakles gehabt habe, als dessen Selbst (autós) schon in den Olymp aufgenommen war. Dort hat Herakles, behängt mit den Sinnbildern seiner inneren Kämpfe, vielleicht aus seiner Sicht über die zwölf Einsätze durch Eurystheus berichtet, die als die »12 Arbeiten« in den Bildern der Mysteriensprache bekanntgeworden und unverstanden geblieben sind. Diese »Arbeiten« waren Entsendungen eines Heroen gegen die Entartung fremder, meist nordischer, Kulte von vertriebenen Meerleuten und Feen in dem ganz andersartigen Klima des Mittelmerraumes.

Die »Zeiten« dieser Aufgaben sind nicht durch des Eurystheus Absicht bestimmt, Herakles loszuwerden, sondern durch HERA, die die Schicksalsstunden der Verirrten kannte. Eurystheus war Eingeweihter der Hera in Mykene. Seine Darstellung in der Sage als ein Feigling ist Dichtung, um Mut und Kraft des Herakles desto stärker hervortreten zu lassen.

Herakles' »Schatten« wird Odysseus etwa dieses berichtet haben: »Eurystheus sandte mich auf Weisung der Hera erstmals aus, um einen Burschen zu beseitigen, der sich als der allgewaltige Herr einer Kultgruppe ›Löwe‹ nannte. Sein geistiger Ort war zwischen Kleonai, Gerüchten, und Neméa, Abscheulichem. Ich ging den Gerüchten nach und sah diesen Verführer tatsächlich, von Menschenblut besudelt, auf mich zukommen. Meine allerdings etwas scharfe Anrede – abgeschossene Pfeile – blieb wirkungslos. Er war von sich so eingenommen, und von der Richtigkeit schamanischer Menschenopfer so überzeugt, daß er nicht beeinflußbar war. Die von ihm betriebene Menschenopferung sollte bewirken, daß die Kräfte des Geopferten in die Gruppe des ›Löwen‹ eingingen. Ich wußte davon, daß derartige Verirrungen aus Asien eingeschleppt worden seien. Gegenüber solcher Unbeeinflußbarkeit blieb mir nur Keulenschlag und Luftabstellen übrig. Aber der Löwe hatte wirklich magische Kräfte, denn ich war von da an ebenso schwer beeinflußbar und trug – im Bild – dessen undurchdringliches Löwenfell; was mir später mehrmals zum Verhängnis wurde.

Mein zweiter Umsteuerungsauftrag für eine Kultgruppe, die das Mißfallen unserer geistigen Herrin der Ordnung erregte, sandte mich zu der Priesterschaft eines Kultes, die aus einer Gruppe hyperboraeischer Tänzerinnen einen Haufen gemacht hatte, der durch törichtes Gerede den Verstand der Umwohner vergiftete. Sein geistiger Ort war Lerna, was von *leros,* das unsinnige Geschwätz, kommt. Natürlich war es den Leitern gelungen, so viele Menschen an sich zu binden, daß die Gruppe wie eine giftige Schlange in einem Sumpf von Leidenschaften wirkte. Ich hatte damals einen Geistesschüler bei mir, der von Iren abstammte. Er hieß IOLAOS, das Kind des rothaarigen Volkes. Diese Giftschlange aus Mißbrauch der in der Mysteriensprache ›Schlange‹ genannten Denkwerkzeuge – Gehirn und Rückenmark – hatte eine Führungsgruppe von neun Köpfen. Einer davon, noch Mittelpunkt der Gruppe, war eine Maid der Grabhügelleute, der hyperboraeischen Feen, die Iolaos bekannt waren. Die anderen waren in Illusionen lebende Schwätzer. Ich konnte sie beseitigen. Aber es waren so viele in Wahnvorstellungen lebende Leute da, daß für jeden Entmachteten sofort zwei neue auftraten. Erst Iolaos, der ihre mißverstandenen Kulte kannte, gelang es, diesen Unsinn gänzlich auszubrennen. Die Fee ging zu den Grabhügelleuten zurück.« (»Das unsterbliche Haupt wurde unter Steinen begraben«, sagte Hesiod.)

»Aber auch diese fanatisierte Gruppe götterfeindlichen Fehldenkens hatte ihre magische Wirkung! Ich habe danach einige Male nicht rechtzeitig gemerkt, daß ihre lebensfeindlichen Gedanken auch in mich eingedrungen waren und habe mit daraus entstandenen Worten und Taten Unheil angerichtet – ›vergiftete Pfeile‹ benutzt.

Meine dritte Aufgabe bestand wieder darin, einen mehr in die Macht als in die Gesittung gewachsenen Artemis-Priester nach Mykene zu holen, um ihn in Ordnung bringen zu lassen. Dieser von Eridanus stammende Riese hatte sich EBER genannt – wie ich später erfuhr – nach den Runen X *eh* und ᛒ *bar,* was einen ›Träger des Gesetzes‹, einen Wissenden, bedeutet. So hatte er anfangs durch fanatische Reingungskulte im mißverstandenen Geist der Artemis, der Herrin über das Tierische im Menschen, eine Gesellschaft um sich vereint und sich hörig gemacht. Er mißbrauchte die hörigen Frauen und Mädchen, die sich ihm hingaben, und kam so zu dem Schimpfnamen ›der Erymantische Eber‹. Erymantisch heißt aber: die Entwicklung, das Lernen verhindernd. Es gelang mir, ihn zur Umbesinnung nach Mykene zu bringen.

Die vierte, wesentlich schwierigere Aufgabe war in demselben Sinn gestellt. Hier handelte es sich um eine Vermischung von Artemismysterien mit skythischen ekstatischen Tanzkulturen. Eine solche Tanzmaid hatte sich, im Vertrauen auf ihr Glück, zur Herrin eines Sippenverbandes gemacht. Diese skythischen Verbände wurden von ›Geweihten‹ geführt, die sich ›Sakar‹, Hirsche, nannten. Die Maid, um die es sich hier handelte, hatte diese Einwohnung einer Gottheit im eigenen Herzen für sich selbst in Anspruch genommen. Deswegen hieß sie die ›kerynnitische Hirschkuh‹, wobei Kerynnis ein Glücksspiel ist. In der Mysteriensprache hatte sie ›eherne Läufe‹ als Bild für Tänze nach ehernen Gesetzen. Es war ihr auch prophezeit worden, daß sie einmal einen Herakles – einen Beauftragten der Hera – werde führen dürfen. Schon daraus ging für mich hervor, daß sie nicht etwa ein seltenes Stück Wild sein konnte; denn weder gibt es Hindinnen mit Geweihen, noch wird je einem Tier etwas prophezeit. Diese ›Geweihte‹ führte mich in feenhafter Beweglichkeit, ohne sich berühren zu lassen, bis zu einem Skythenheiligtum an den Donauquellen, wo sie vermutlich ihre Weihen genommen hatte, und wieder zurück zum Berg der Artemis in Arkadien. Hier mußte ich sie mit einem Pfeilschuß lähmen, denn es gelang mir trotz des weiten Weges nicht, sie zu ermüden und zu greifen. Allerdings mußte ich den Zorn der Artemis fürchten. Aber diese erkannte meinen Auftrag an, heilte ihre Gefolgin und riet mir, die allzu Flüchtige lieber auf den Armen zu tragen. So konnte ich sie nach einem Jahr vor Eurystheus bringen, der sie später dem Artemis-Kult zurückgab.

Wenn Menschengruppen noch tiefer ins Sinnlich-Tierische geraten als selbst die des Erymantischen Ebers, dann müssen sie energisch aufgeweckt werden, denn das ist ein Eingeschlafensein des eigentlichen Menschentums. So wurde ich zu einem aggressiven Sexklub geschickt, den die Bevölkerung ›die stymphalischen Vögel‹ nannte, weil er Frauenraub für seine Orgien betrieb. ›Stymphalos‹ ist ja die Bezeichnung für das aufgerichtete männliche Begattungsglied. ATHENE, die Göttin des Denkens, half mir, die Bande aufzuwecken. Sie gab mir bildlich ›eherne Klappern‹. Ein paar von ihr inspirierte, gut gezielte, richtige Gedanken – Pfeile – wirkten trotz ›ehernen Gefieders‹ dieser ›Vögel‹ nach Art der nemeischen Löwenhaut so, daß die Bande zerstob, sich vor sich selber schämte und nicht wiederkam. Aber auch von diesen tief Gefallenen muß ich angesteckt worden sein, denn ich habe danach des öfteren ganz in deren Weise um Weiber gekämpft, und mich aus Mangel an Wachheit dabei mit Schuld beladen.

Zu meiner Verwunderung wurde ich danach zu dem König von Elis, Augeias, entsandt. Augeias heißt ›der Hellsichtige‹. Aber dieser König hatte seine Hellsicht mit einem Wust von halbverstandenem Wissen, mit Bergen von Wahnvorstellungen und Eingebildetheiten verschüttet, wie wenn ein Viehstall, niemals gemistet, unbrauchtbar geworden ist. Selbstverständlich kann da nicht Unsinn nach Unsinn ausgeräumt werden, sondern ein in dieser Weise Besessener muß diesen ganzen Berg von Undurchsichtigkeiten in einem einzigen harten Entschluß beseitigen. Dazu gehört der eindeutige Wille, diesen Ballast loszuwerden, wie wenn der Fluß Peneios, der ›redliche Mühe‹ heißt, hineingeleitet würde; danach aber auch, damit nicht Resignation Platz greift, der Fluß Alphaios, ›der rechte Neubeginn‹. Es gelang meinem Daimon, beiden Gedankenströmungen zum Durchbruch zu verhelfen. Der König fand wieder zu seiner Hellsicht.

Doch auch hier blieb etwas von dem Fehldenken an mir hängen. Augeias, noch ›verblendet‹, hatte mir einen hohen Lohn versprochen. Nach seiner Heilung, wieder sehend, wußte er, daß er für kultische Leistungen in Götterauftrag keinen Lohn geben durfte. Ich aber schied mit einem Ingrimm, der sicher aus dem Berg von Fehldenken stammte, den ich eben zu beseitigen geholfen hatte. Dieser Zorn verführte mich später, wie ein Räuber den König zu überfallen.«

Hier unterbreche ich den Bericht des Herakles und muß selbst etwas über Amazonen sagen, zu denen Herakles als seiner siebenten Aufgabe entsandt worden ist.

Um THEMISKYRA, den »Felsen des Gesetzes« am Schwarzen Meer, hatten Nordgermanen einen Herrschaftsbereich alten Mütterkults errichtet. Ihre Maiden nannten sie »Amazonen«, »die kein Gerstenbrot essen«. Sie feierten ihre Kulttänze zu Pferde; dabei ritten sie »kentaurisch«, mit magischen Kräften, auf blanken, zügellosen Pferden.

Ich habe diese Art des Reitens nach alten Berichten in Verse gefaßt:

AMAZONEN

Federnd fegen über Felder langgestreckte Pferdeleiber,
tanzend queren sie die Wälder, auf den Rücken junge Weiber!

Keuchend klettern sie in Bergen, schaumbedeckt die Hirsche hetzend,
und als wunderschnelle Färgen durch der Flüsse Strudel setzend.

Herrinnen in Ohren flüstern, heiß an heißen Hals geschmiegt,
Zauberformeln! Aus den Nüstern stärker dann der Dampf entfliegt.

Von Dämonenmacht getrieben Rosse dann das Wild'ste wagen,
nie berührt von Sporn und Hieben, wie von Göttergunst getragen.

Mit der Amazonen heißen Herzen wachsen Adlerschwingen,
ihre Pferdeliebesweisen in den letzten Muskel dringen.

Über ihre Tiernaturen weit hinaus die Pferde reichen,
kaum erkennbar sind die Spuren, wo sie über Hochland streichen.

Mit der Sonne Sinken schwanken sie auf ihre kargen Weiden,
Amazonen ihnen danken, die, selbst zitternd, sie begleiten.

Feuer jungfräulicher Liebe, nur an Reitpferde verschwendet,
sind so starke Leistungstriebe, wie dem Manne zugewendet.

Der Schatten des Herakles berichtet weiter: »Eurystheus sagte mir, daß die Amazonen am Pontos áxénios, dem ungastlichen Meer, durch ihre Reitkunst auf blanken Pferden kriegerisch und angriffslustig geworden seien. Ihre jungfräuliche Königin, Hyppolyte, die »Pferdelöserin«, habe vom Kriegsgott ein Wehrgehenk erhalten. »Das sollte ich ihr abnehmen, die Amazonen würden dann wieder friedfertig sein.

Nun machte ich – vielleicht von den stymphalischen Vögeln infiziert – den Fehler, abenteuerlichen jungen Helden von diesem Auftrag zu erzählen. Da über die Schönheit der reitenden Jungfrauen am Póntos allerlei Legenden umgingen, hatte ich rasch eine Gruppe kampffreudiger Männer um mich, mit denen ich nach Themiskyra zog. Hippolyte, deren ernste Schönheit nur ehrfürchtig angesprochen werden konnte, war sofort bereit, den Gürtel an das Heiligtum der Mykene abzugeben. Aber meine Berserker reizten die Amazonen zum Streit. Dabei fiel deren Vortänzerin Prothoe, es fiel Aella, die Windsbraut, und Alkippe, die ›kühne Stute‹. Melanippe, ›die Rappstute‹, konnte ich noch befreien. Wir brachten den Gürtel nach Mykene, aber mindestens mein Gewissen war nicht ganz rein. Du siehst das wenig schöne Symbol dieses Fehlers an meinem Gürtel: ein Wolfsbild.

Mit meinem Bericht über meine nächsten beiden Aufgaben muß ich dich enttäuschen«, fuhr Herakles fort. »Sie lagen fast ganz im Bereich des Geführtseins durch Götterdenken. Im Gedächtnis dieses meines ›Schattens‹ haften nur Ahnungen vom Sinn dieser Reisen nach Mazedonien und nach Kreta, und sonst nur Äußerlichkeiten.

Eurystheus sagte: ›Mißbrauch von Sternengaben, die Götter vermitteln, zu eigenem Vorteil statt zu Gottesdienst, wird bestraft. So hatte Poseidon dem Kreterkönig Minos einen ›Stier‹, eine besondere Kraft des Zeitalters des Stieres, als Opfertier zur Verfügung gestellt. Aber Minos verwendete den Stier in seinen Herden und betrog den Gott mit einem geringeren Opferstier. Der Poseidonbulle ist dadurch gemeingefährlich geworden. Du erhältst den Auftrag, diesen Stier nach Mykene zu bringen.‹ Und meinem Daimon gelang es, diese menschenfeindlich gewordene Göttergabe wieder gefügig zu machen. Der Stier trug mich jedenfalls über Land und Meer nach Mykene.

In demselben Sinne sollte ich in Mazedonien sieben Schimmelstuten bändigen und in die Obhut des Heraheiligtums bringen, ich, der ich bei den Amazonen zum ersten mal mit Pferden in Berührung gekommen war. Diese Stuten sollten Göttergaben sein, die mißbraucht und damit geradezu menschenfresserisch geworden seien. Aber wie – weiß das Eidolon nicht, das vor dir steht, sondern nur dessen AUTOS, dessen Selbst, das in den Olymp erhoben ist.«

Auch zu der nächsten Heraklesaufgabe muß ich etwas einfügen. Sie ist als das Herbeiholen der »Herde des Gyrioneus« bekannt.

Wie schon von POSEIDON, dem Herrn von Basileia, dem atlantischen Heiligtum an der Eidermündung, berichtet, war auch HERA offenbar ursprünglich eine atlantische Gottheit und wohl identisch mit Klymene, der Mutter von ATLAS und PROMETHEUS. Für diese Herkunft spricht auch, daß ihr Sohn von Zeus, Apollon, alljährlich, vom nordischen Singschwan getragen, Weisheit aus Basileia nach Delphi gebracht haben soll. Hera machte deshalb Eurystheus auf das Erbe des Poseidonsprossen aus der Meermaid Medousa, CHRYSAOR, das »goldene Kultschwert«, aufmerksam, das in falsche Hände geraten sei. Auf einer ozeanischen Insel im fernen Westen solle eine Herde »purpurfarbener Rinder« stehen. Von der Insel gab sie nur den Namen an: Erytheia, die Rote, ihre Lage aber nicht.

Über den Charakter dieser »Herde« berichtet die Sage fast nichts, so wenig wie über deren Herrn Chrysaor. Aber dessen Kult war offenbar ins Stocken geraten und in sich selbst versponnen. Die Abergeister, die diese Herde jetzt betreuten, waren zwei Riesen: Erythion, der breite Haufen, und der »dreileibige« Gyrioneus, der »Göpeltreiber«, dazu ein zweiköpfiger Hund, Orthros, der Aufgerichtete. Nun sagen alte arische Überlieferungen, daß der Hund, mit Sonnenkräften begabt, die Aufgabe erhalten habe, die noch unentwickelten Menschen zu bewachen. Ist so ein Hund »zweiköpfig« – also trotz seines Aufgerichtetseins in sich zwiespältig und bellt sich selbst an – dann versagt er natürlich. Der Name des ersten Riesen bezeichnet einen allzu erdverhafteten Klotz, der die Entwicklung durch Unbeholfenheit hemmt. Der Name des anderen, Gyrioneus, bezeichnet einen Knecht, der das Arbeitstier an der Seilwinde eines Schöpfbrunnens treibt und sich mit diesem im Kreis bewegt; er kommt also ebenfalls nicht weiter. Wenn er außerdem als »dreileibig« beschrieben wird, so bedeutet das, daß sein physischer Körper, sein Ätherleib und sein Astralleib noch keine Einheit bilden. Daß bei einer solchen »Betreuung« die »Herde« eines Chrysaor nicht gedeihen kann, ist verständlich. Eurystheus beauftragt deshalb Herakles, die »Herde« nach Mykene zu bringen.

Herakles hat offenbar durch Lösung des Auftrags auf Kreta, den Poseidonstier wieder in den Opferdienst zu bringen, die Zuneigung des Meerbeherrschers gewonnen. Dies geht aus dem weiteren Bericht des Heraklesschattens gegenüber Odysseus hervor.

»Mit meinem nächsten Auftrag konnte mir Eurystheus als

meinen Einsatzort nur den Namen einer ozeanischen Insel, Erytheia, die Rote, nennen. Aber du selbst, Odysseus, hast die Insel der Kirke mit ›von den Göttern gegebenem Wind‹ gefunden. Mein Großvater fand die der Gorgonen mit den Flügelschuhen der Feen. Ich fand die rote Insel mit Hilfe der Götter und des Ältesten der Meerleute, Nereus, wahrscheinlich veranlaßt von Poseidon, dessen mißbrauchten Stier ich auf Kreta befreite. Auf der Insel fand ich erst einen Kerl, dessen Anteil am Menschentum so gering war, daß selbst sein Leib unförmig geblieben ist. Er versperrte mir den Weg, und ich mußte ihn erschlagen. Auch der Hund, der bald mich, bald sich anknurrte, war rasch beseitigt. Aber dann kam ein Riese, der sich scheinbar selbst nicht zu beherrschen vermochte. Er lief im Kreis um mich herum, bald in rasendem Zorn, bald grundlos lachend; bald machte er den Eindruck eines Unholds, bald den eines zutunlichen Haustiers. Seine Feen, Mädchen mit roten Häubchen, huschten ratlos hin und her. Ich mußte dem Ungeratenen und Ungereimten das Leben nehmen, was nicht ganz einfach war. Als mein Pfeil seine Körperlichkeit traf, fielen seine ungebundenen Kräfte wie Gespenster über mich her. Aber die zerflatterten, als die Leiblichkeit tot war.«

Hier möchte ich einfügen, daß das Grab des Geryoneus an der südspanischen Küste noch lange gezeigt werden konnte. Der Riese soll von den Chrysaorsöhnen dort beigesetzt worden sein. Sein »verdrehtes« Wesen zeigte sich an den Bäumen, die auf seinem Grabe wuchsen. Sie wechselten fortwährend von Laub- in Nadelholz und umgekehrt und trugen Früchte ohne Samen. Solche »Olesikarpoi«, zwecklose Fruchtbäume, stehen nach Homer auch am Eingang des Hades.

»Ich mußte nun«, fuhr Herakles fort, »die ›rote Herde‹ über Spanien und Illyrien allein nach Griechenland führen. Das scheint unmöglich zu sein. Aber die ›Rotkäppchen‹ waren in ihrer Bewußtheit raum- und zeitfrei, und die weite Ostwanderung war für sie Gerufensein von Göttern und eine kultische Handlung. Sie waren so gazellenhaft beweglich wie die ›kerynnitische Hirschkuh‹, und ihr Schutz vor lüsternen Menschen fiel mir nicht leicht. Hierbei war der schwerste Kampf allerdings der gegen einen Abergeist, aus dem Urgeist der stymphalischen Vögel. Ich nannte ihn Kakos, den

Schlechten. Der verführte mich, acht Feen, die ja in ihrer hyperboraeischen Heimat, von der sie mir erzählten, ein vielfach unterirdisch lebendes Volk gewesen sind, in eine Höhle zu locken. Ich wollte sie dem Eurystheus unterschlagen, denn es tobte nach der völligen Überforderung meiner Kräfte eine wilde Begierde in mir wie ein feuerspeiender Abergeist. Ich war außer mich geraten wie Gyrioneus. Aber mit letzter Willensanstrengung gelang es mir oder meinem Daimonion, diesen Unhold in mir zu besiegen. Die Feen haben jedoch gespürt, daß ich nicht ganz zuverlässig war, und ich hatte danach schwere Mühe, sie zusammenzuhalten. Dennoch brachte ich die ›Rote Herde‹ vollzählig nach Mykene, wo sie dem Herakult zugeführt wurde.«

Über die elfte Aufgabe konnte der »Schatten« des Herakles nur Anekdoten berichten. Den ganzen Umfang dieses Unternehmens hat auch hier wieder nur sein hohes, von Hera inspiriertes Selbst begriffen. Denn für die Göttin handelte es sich um ein Ordnen ihres atlantischen Erbes. Sie brauchte dazu einen Gefolgsmann, der die Verbindung zwischen Basileia und der griechischen Götterwelt nicht nur gedanklich – wie »Apollon auf dem Schwan« – sondern auch physisch herstellte. Die Aufgabe für Herakles hieß: ein paar »Äpfel der Hesperiden« zu holen. Der Baum, der sie trug, war das Begrüßungsgeschenk der griechischen Erdmutter Gaia an die Atlantierin Hera bei deren Hochzeit mit Zeus. Der Baum war das Symbol für den friedlichen Ausgleich zwischen Basileia und dem Olymp.

Eurystheus konnte Herakles nicht sagen, wo der Baum der Hesperiden wuchs; aber da sie »die Abendlichen« hießen, mußte Herakles jedenfalls nach Nordwesten wandern. Aufträge wie dieser machen Bewußtseinserweiterungen notwendig. Der in allen Mysterien bekannte »Grenzwächter« hieß TERMEROS. Seine Macht war, mit einem harten Kopf zurückstoßen zu können. »Dickkopf« ist auch bei uns Bezeichnung für einen Begrenzten. Zwar wird der Termeros besiegt, aber Herakles kennt sich, jenseits seines bisherigen Denkbereichs, noch nicht aus. Am Askurissee unter dem Olymp, dem »kreisrunden See der strengen Übung«, trifft er auf einen Meister namens Kyknos, den Schwan. Dieser Mysterienname bezeichnet eine Einweihungsstufe, die eine hohe Reinheit voraussetzt. Er faßt die plumpe Frage eines

Mannes, der »die Haut des nemeischen Löwen« trägt, ausgerechnet nach den Äpfeln der Hesperiden, als Unverschämtheit auf und beantwortet sie mit einem Faustschlag. Kyknos ist Sohn des Entscheiders Ares und der Nymphe Pyrene, deren Name den »inneren Kern« bezeichnet. Es entsteht ein physischer, statt eines Geisteskampfes, in den sich auch Ares einmischt. Zeus beendet ihn mit einem Blitz. Die kosmische Zeit für eine Entscheidung war noch nicht da.

Herakles gelangte nach Basileia. Hier beriet ihn wieder der alte Nereus. Er verlangte von Herakles die Befreiung des Sohnes der Hera, als sie noch Klymene hieß, und des Atlanters Eurymenon, des weithin Herrschenden. Dies aber war PROMETHEUS, ein Titan, den Zeus an einen Felsen im Kaukasus schmiedete, weil er durch Diebstahl des Feuers für die Menschen deren Entwicklung planwidrig beschleunigt hatte. Über den Weg dahin konnte der Schatten in der Unterwelt wieder etwas erzählen:

»Nereus, der mit den Hyperboraern in Verbindung stand, gab mir durch deren Vermittlung für den zweiten Weg zum Kaukasus einen kleinen Pferdetrupp mit. Diese Pferde gingen aber nicht wie bei uns im Gespann, sondern sollten abwechselnd geritten werden. Da regte sich in mir ein Wunschfunken, der von den Amazonen übergesprungen sein muß, und ich sagte zu. Aus meinen fröhlichen aber wilden Kämpfen mit diesen Pferden, bis ich sie zu reiten verstand, sind die Geschichten von meinen angeblichen Kämpfen mit betrunkenen Kentauren entstanden. Denn wer noch nie einen Reiter gesehen hat, aber alte Legenden kennt, der hält ihn leicht für das Wesen, das als erstes aus dem Menschenbild hervorgegangen sein soll. Aber die Pferde haben mich an mein Ziel gebracht. Hera ließ mich Prometheus finden, und ich riß seine Fesseln aus der Felswand. Von ihm erfuhr ich den Standort des Baums der Hesperiden. Er sandte mich zu seinem Bruder Atlas, dem Herrn des Säulenkults der Atlanter.«

Dieser zweite Teil der Aufgabe des Herakles ist wieder ein Erlebnis des Daimonion, nicht des Eidolon: Als Herakles' Leiblichkeit durch den weiten Weg übermüdet war, stellte sich ein neuer Grenzwächter in den Weg: ANTAIOS, der Gegenspieler. Er ist Sohn und Beauftragter des Poseidon, des Verantwortlichen für alle Entwicklung, um denjenigen die Wege zu verlegen, die noch nicht gehorchen konnten. Aber des Herakles hohes Selbst reißt ihn, dem jede Erdberührung neue Kräfte gibt, empor und entmachtet ihn schwebend. Der Weg zu Atlas ist frei. Aber von ihm sagt die Göttin des Denkens, Athene, daß er mit seinem gefährlichen Wissen Himmel und Erde auseinanderhalte. Herakles hat sich die Zuneigung dieses gefährlichen Titanen gesichert – einmal durch Befreiung von dessen Bruder Prometheus und zum anderen durch die Ehrung mit den Säulen, die er auf dem Weg zur Roten Insel am »Altar des Gibor« zum Dank für die Hilfe der Meerleute errichtet hatte. Atlas ist bereit, die Äpfel zu holen. Sie seien nicht nur von den freundlichen Hesperiden, sondern auch von dem Drachen Ladon bewacht, dem Meerungeheuer »mit den vielen Stimmen«, einer besonders heftigen Brandung. Aber Herakles muß Atlas im Auseinanderhalten von Himmel und Erde ablösen – in der Mysteriensprache: den Himmelsrand auf den Schultern tragen. Nun ist es ein Unterschied, ob ein Titan wie Atlas, oder ein im Götterdienst stehender Mensch, der den ANTAIOS besiegt hat, zwischen Himmel und Erde tritt. Herakles' Daimonion hat sie kurze Zeit verbinden können! Er erhielt die Äpfel ohne Kampf und brachte Atlas auch dazu, sich – wie die Moira es wollte – mit seinem gefährlichen Wissen wieder trennend zwischen Himmel und Erde zu stellen.

Nach der Sage gab Eurystheus die Äpfel an Herakles zurück. Dieser opferte sie der Göttin Athene, die sie den Hesperiden wiederbrachte: goldene Impulse, die noch heute Menschen bekommen können, wenn sie Himmel und Erde zu verbinden vermögen. Dies gemahnt an die nordische Göttin IDUNA, die die goldenen Äpfel hütete, die den Asen immer neue Jugendkraft verliehen. Iduna war verbunden mit dem Sänger BRAGI, wie die Hesperiden im Schutz des »vielstimmigen« LADON lebten.

Die letzte Aufgabe des Herakles ist nur eine Probe auf die Entwicklungsstufe, die er erreicht hat: das völlige Überwundenhaben der Todesfurcht. Der Name des »Höllenhundes« ist KERBEROS, die »Schwere des Todesloses«. Dieses Aberwesen sollte Herakles aus dem Hades, dem Unterbewußtsein, an das Tageslicht bringen.

Die Sage spricht von ihm als einem dreiköpfigen Hund, geboren von der seltsamen Meermaid Echidna, also einem angeblichen Aberwesen aus dem Norden und wohl mit dem nordischen Fenriswolf verwandt. Wie dieser die Sprachen verdirbt, indem er die guten Gaben der Menschen »verdunkelt«, so beendet der Kerberos die Sprachfähigkeit der Entleibten. Er braucht dazu drei Rachen: für die Sprache des Verstandes, die der Empfindungen und die des Willens. Er ist kein Hund, sondern ein Wolf. Dies geht aus seinem wölfischen Verhalten hervor; den Ersten, der ihn am Nackenfell hochhebt, erkennt er als seinen Herrn an. Dieser kann ihn mit Erlaubnis des Hades an einer Kette dem Eurystheus vorführen, ohne ihm die drei Fänge zubinden zu müssen, und ihn ebenso wieder in der Unterwelt abgeben. –

Zum Abschluß möchte ich noch etwas über die Beendigung des Erdenlebens des Herakles und seinen letzten Kampf sagen – ein Mysterium, das kennenzulernen sich lohnt. Es handelt sich um die Selbstbefreiung eines außergewöhnlich begabten Helden von den bösen Geistern, die ihn neben seinen großen Leistungen in Götterauftrag zu ebenso großen Untaten verführt haben. Ich habe diese nicht erwähnt, weil wir von menschlichen Irrwegen täglich genug erfahren. Bei Herakles war die Macht seiner physischen Unbesiegbarkeit oft stärker als die Kraft seines götternahen Daimonions. So ließen ihn die Götter die Walküre DEIANERA finden. Diese war eine unbewußte Dienerin der Moira, des Schicksals. Ihr Name bedeutet: »die alles Unzulängliche verflicht«.

Acheloos, der lieblich Tönende, ein Nöck, versuchte noch, Herakles vor der verführerisch schönen Deianeira zu bewahren. Aber dieser glaubte, »der mit den silbernen Wirbeln« wolle die Schöne selber haben und rang mit ihm. Der Vater aller Nöcke, der Älteste der Flußgötter, wird als ein mit zwei Hörnern geschmückter nordgermanischer Wassergeist geschildert. Herakles soll ihm bei dem Kampf eines seiner Hörner abgebrochen haben. Acheloos gab darauf seinen Widerstand auf und löste sein Horn mit dem »Füllhorn der Amalteia«, der Roggenmuhme, aus, das er als Dank für die Bewässerung ihrer Fluren einst erhalten hatte. Herakles verfiel der Deianeira.

Bei einem »Übergang« – wieder zu einer Gewalttat – soll ein Kentaur, Nessos, der Erpel, Deianeira über einen Fluß getragen haben. Die Enge aber spielt in den hier überall hereinklingenden Sagen und Märchen die Rolle eines dienenden Wesens zwischen dieser und der Seelenwelt. So steht in den Kalevala: »Kommt ein Entchen hergeflogen aus dem Weltraum, mit den Winden...«, und im Märchen von Hänsel und Gretel trägt die Ente die Kinder über das Grenzwasser des Hexenbereichs. Herakles, besessen von einem bösen Gedanken aus dem Bereich der lernäischen Hydra, schießt einen Gipfpfeil auf den Kentauren. Angesichts des fließenden vergifteten Blutes wird Deinaneira von ihrer unbewußten Aufgabe als Verflechterin aller Untaten erfaßt. Sie bereitet das »Nessoshemd«, das unabreißbar anhaftet. So heftet sich im »Übergang« auch an uns all das, was im Gebet des HERRN *poneros,* das Belastende, heißt. Herakles befreit sich davon im kultischen Feuer. Es wird zu kleinen Symbolanhängseln an seinem Schatten im Hades. Sein Selbst aber wird im Gewittersturm in den Olymp erhoben. So müssen auch wir uns im Läuterungsfeuer unserer Umbesinnungen zum Guten von Fehlern befreien, um Gottesfreunde zu werden.

Die Hirsche

Nach der Edda äst im Gezweig der »Esche« Yggdrasil, der aus ätherischen Gedankenenergiegeflechten bestehende EIKTHÜRNIER, der mit dem Glanzgeweih. Er leitet mit seinem Geweih himmlischen Tau in zwölf Strömen zum Brunnen des Lebens HWERGELMIR. Das sagt, daß der Mensch, fertig inkarniert, bewußter Leiter für geistige Gaben für den Lebensborn werden soll, wenn er »geweiht« ist.

Hier nun berühren sich nordgermanische Symbole der Edda mit solchen der Ostgermanen, der königlichen Skythen. Herodot berichtet von ihrem Auftauchen in Iran und Medien und sagt, daß ihr Königtum weder aus Tyrannis noch aus Volkswahl hervorgegangen sei, sondern aus Gerechtigkeitssinn des Volkes, also aus Götterverbundenheit.

Diese war besonders eigenartig ausgedrückt.

Die Stammesführer nannten sich »Sakar«, die Hirsche. Auf Höhlenzeichnungen in Hindostan und in Ariège in Frankreich sind sie mit Hirschgeweihen dargestellt, als Zeichen kosmischer Verbundenheit. Wie der Hirsch alljährlich sein Geweih opfern muß, so war auch die Zeit der »geweihten« Priesterkönige beschränkt. Sie opferten danach ihre Leiblichkeit, in ältester Zeit im Feuer, später durch kultischen Freitod von eigener oder Verwandtenhand. Sie galten als Träger einer in ihnen inkarnierten Gottheit, die nach bestimmter Zeit wieder aus ihnen freigegeben werden mußte. Dieser Kult hat sich, später mit anderen vermischt, sehr lange erhalten und weithin ausgedehnt.

Die Siege des Cheruskers, den die Römer »Arminius« nannten, beruhten darauf, daß er »Geweihter« war und deshalb überall Gefolgschaft fand. Seine freiwillige Selbstaufopferung in der Schlacht von Idistaviso, auf den Elfenwiesen, wurde von dem »Einen Ungenannten« nicht angenommen. So blieb er noch eine zweite Periode »der Geweihte« bis zu seiner Opferung durch den Sippengenossen Sigtryg am Völmerstod in Niedersachsen.

Auch der Herr der Nibelungen, Siegfried, war »Hürnen Siegfried«, weil er »geweiht« war, nicht weil er eine Hornhaut aus Drachenblut hatte, wie spätere Dichtung meinte. Sein Tod durch Hagen war ein kultischer Akt der Opferung, keine Neidtat.

In irischen Legenden hat der heilige Abt Brandan um das Jahr 500 nach der Zeitwende ein »Imram« – Umherrudern – von neun Jahren unternommen. Er sollte den Wahrheitsgehalt seiner Gebetsvisionen von Paradiesen und Fegefeuern durch selbst Sehendürfen bestätigt bekommen. Als es ihm aber nach der Ausfahrt mit zwölf Mönchen zu lange dauerte, bis etwas Ungewöhnliches geschah und er am Sinn dieser Fahrt zu zweifeln begann, erschien sofort ein Lintwurm im Meer, der das Schiff angriff. Auf die rasche Umbesinnung des Abtes und seine Stoßgebete erschien ein »himmlischer Hirsch, minniglich anzuschauen«, der den wütenden Lintwurm besiegte und forttrug. Die Vorstellung des »geweihten Hirsches« als mit dem Himmel verbundener, dienender Geist ist so auch hier berichtet. Die Sage von Brandans Meerfahrt ist sonst teils Seemannsgarn, teils erscheint sie aus der Odyssee entlehnt. Sie erzählt von fruchtbaren Buchten, von Eremiten- und von Vogelinseln, von Vulkanausbrüchen und Sargassomeeren, eingeteilt in Paradiese und Höllen, und als solche erlebt dank vorgefaßter Meinung.

Im Märchen vom gläsernen Sarg der Gebrüder Grimm ist

der Hirsch wieder das Bild des mit der Geistwelt Verbundenen. Es berichtet zuerst von einem unschuldigen jungen Handwerkersohn, einem Schneider, der auf seinen Wanderungen beim »Alten im Walde schläft«, noch im Unterbewußtsein, im Bereich der Kindheit, befangen ist. Eine andere Geschichte, die sich aber zugleich ereignet, wird erst am Schluß erzählt.

»Im Schloß«, in ihrem abgeschlossenen Bereich, lebt die Prinzessin Menschenseele mit ihrem Bruder, dem Menschengeist, im Märchen eine Prinzessin und ihr Bruder. Es kommt, der Entwicklungen in Gang bringt, der Gegenspieler, ein blendender Unterhalter, als Gast. Er reitet mit dem Prinzen auf die Jagd – ein Wettbewerb ihrer Gedankenkräfte. Da wird der »Prinz« zum Hirschen. Er wird sich seines Geweihtseins bewußt, ist aber noch im Bann des »Anderen«.

Der Träger der Prinzessin Menschenseele ist noch ein wundervoll erzogener Zelter, im Märchen ein nie mit Bösem in Berührung gekommenes Pferdchen. Sie versucht, den Hirsch mit Gewalt zu befreien und verliert dabei diese ihre Harmlosigkeit. In der Gewalt des Gegenspielers wird all ihr Wesen in dessen materialistische Denkgrenzen »eingeschachtelt«. Sie schläft danach »im gläsernen Sarg«, in der Tiefe einer lichtlosen Höhle. Das »Schloß« ist dort nur ein Museumsstück in einem Glaskasten. Die »frommen« bedienenden Menschen sitzen dann in den Glasflaschen ihrer Begrenztheiten.

Der Gegenspieler, in dem Wahn, gesiegt zu haben, wird zum »Wildstier«. Das ist das Bild eines ganz im Irdischen Verhafteten. Aber er hat die Evolution des »Prinzen«, des Geistbruders, in Gang gebracht! Dieser wird zunächst noch in der Gestalt des Hirsches, des Sakar, zum Geist des Guten, zum Mithras, der den Stier besiegt. Dies geschieht »nahe der dünnwandigen Behausung des Alten im Walde«. Der junge Handwerkersohn erwacht, und wie Jesus aus der Taufe wird er von dem »Hirsch« auf dessen Geweih gehoben – in ein höheres Bewußtsein. In diesem kennt er keine Furcht. Der Geist des Mithras öffnet ihm die Tiefen, in denen die Menschenseele in gläsernem Sarge befangen ist. Er gehorcht einer ihm bis dahin unbekannten inneren Stimme und befreit erst die Seelenprinzessin und dann ihre Diener und Dienerinnen und ihr Schloß aus ihrem Verwünschtsein zu »alten Erinnerungen«. Danach können der Handwerkersohn, nun Werkzeug der inneren Stimme, und die Prinzessin Seele Eines werden, der Geistbruder wieder Menschengestalt tragen. Auf einem zweitausend Jahre alten Relief, einem Kultbild ostgermanischer Söldner der Römer, das in der alten Römerstadt Ladenburg gefunden wurde, sitzen sie auf der Haut des besiegten Stieres. »Wenn der Mithras den Stier besiegt hat, kann ›das Kind‹ kommen, das die Menschheit erlöst.« So war das Glaubensbekenntnis des Mithraskultes.

Dunkle Erinnerungen an solche Urweisheiten wirkten noch im Mittelalter. So sind die Legenden der Heiligen Eustachyus und HUBERTUS entstanden. Beide hatten nach harten Schicksalsschlägen in wilden Raubjagden Vergessen gesucht, bis sie die Vision des Hirsches als Leiter himmlischer Weisungen erlebten. Was wundergläubige Künstler daraus gemacht haben, geht etwas an dem Sinn vorbei, den ich in Amberloux in den Ardennen, dem Kloster St. Huberti, in einem Bericht gefunden, übersetzt und in Verse gefaßt habe.

Hubertus berichtet:

Aus dunkler Waldkulisse hebt sich ein's Hirsch Gestalt
gleich einem Schattenrisse, um ihn das ungewisse
Frühnebellicht im Wald.
Die Waffe heb' ich leise, mein Hengst steht wie ein Bild,
da – zauberischer Weise – ziehn Strahlen, Lichterkreise
um's Haupt dem starken Wild.
Ein Kreuz erstrahlt inmitten dem mächtigen Geweih!
Ich bin vom Hengst geglitten mit demütigem Bitten:
Oh Herr, verzeih', verzeih'!
Mit stiller Schutzgebärde sah unseren Herrn ich schweben
und sank vor meinem Pferde darnieder auf die Erde,
schloß ab mit solchem Leben!
Mir war, als läg' ich Stunden unter dem Strahlenkreuz!
Der Hirsch, der ist verschwunden. Ich aber hab' gefunden
mein Irren und bereut's:
Die Sorge unsres Herren gilt aller Kreatur!
Sie unhold zu versehren, heißt IHN nicht zu verehren,
und träf's ein Wildbret nur!

Auf Grund dieses Erlebnisberichtes habe ich vor ein paar Jahren en Hubertusbild für eine Kapelle unter dem Dachstein gefertigt, auf dem, wie ich öfters gesehen habe, die Morgensonne in genauer Kreuzform durch die Bäume strahlt, just inmitten des Geweihs eines Hirschen, der eben aus der Dickung tritt. Der Pfarrherr dort hat das Bild mit großer Freude geweiht, wie mir berichtet wurde. Aber er meint, ich hätte das Wunder doch etwas verschoben. Es bestände nun darin, daß erstens die Sonne in Kreuzform durch die Baumkronen strahlt, zweitens ein Hirsch genau davortritt und drittens Hubertus in dem Augenblick erscheint, für den die Stunde der Umbesinnung geschlagen hat. Ich kann dazu nur sagen, daß die hohen Steuerungsgedankenträger, die wir »Engel« nennen, manches entstehen lassen können, von dem wir uns nichts träumen lassen.

Ein Hirsch, der »hypsikeron«, hochgeweiht, genannt ist, kann auch ein Bild für Mißbrauch von Götterkräften sein. So berichtet Homer, daß sein Held ODYSSEUS auf der ozeanischen Insel Aiaie einen »Riesenhirsch« erlegt habe, der dreimal »Megatherion«, das Riesentier, genannt ist. Auf ozeanischen Inseln kann es aber keine »Riesenhirsche« geben, auch »schreit« dieser »Hirsch«, als er tödlich getroffen ist, was kein Rotwild tut. Aber »Megatherion« ist der alte Name des Sterns ANTARES im Skorpion, der als Sitz aller Gegenkräfte gegen die Götter galt. Das Megatherion zu erlegen, bedeutet also, allen Ungehorsam gegen Götterwillen in sich abzutöten. Odysseus kann danach von der Herrin der Insel, KIRKE, nicht verwandelt werden. Selbst sie, die bei Menschen äußere Erscheinungformen nach wirklichen inneren Werten wandelte – so des Odysseus' Berserker in Schwarzwild – findet kein Tierbild mehr, das nach dem Sieg über Megatherionkräfte noch dem Wesen des Odysseus näher gewesen wäre als dessen menschliche Gestalt.

Zwingherren wie die Römer mißbrauchten die Kultsymbole von ihnen unterdrückter Volksgruppen. Für sie war der geflügelte Hirsch Peritius, der Verderber. Er erinnerte überforderte germanische Rudersklaven an ihren alten Sippengeist, so daß sie rebellierten.

Der geflügelte Hirsch – meines Wissens in keinem Sternbild festgehalten – ist einer der Übermittler intuitiver Befreiungsgedanken aus falschen Begrenzungen, so daß es verständlich ist, wenn er heute die Luftpostmarke von Israel ziert.

Vom Geist der echten Hexen

Die geheimnisvollen Kulte, die bei uns »die alte Religion« und seit ihrer Verdammung durch die Kirchen »Hexensabbate« genannt wurden, werden in ähnlicher Form von vielen Völkern berichtet. Da ihre Götter und Göttinnen nicht genannt und ihre magischen Kraftquellen und Riten geheimgehalten wurden, ist nur wenig wirklich Wahres von ihnen bekannt. Umso bekannter sind die Verleumdungen, die ihre Feinde gegen sie verbreitet haben.

Allen diesen Kultgruppen scheint die Absicht gemeinsam zu sein, einer nie gekannten Gottheit, die nicht als allmächtig galt, Kräfte zuzuspielen und sie durch Freudenfeste zu erfreuen, damit sie ihrerseits Gedeihen der Herden und Ernten gewährte.

Diese Kulte haben sich gegenseitig beeinflußt, so daß die Ursprünge der Hexenkulte von denen der Feen und Maiden schwer zu trennen sind. Auch Spuren nordafrikanischer, ägyptischer und kretischer Mysterien wurden entdeckt.

Der ungenannte Gott bedurfte der Mithilfe der Menschen. Der ursprüngliche Geist der Hexen ist also der der Mitverantwortung in der Einheit der Quellen des Lebens, der göttlichen und der den Menschen gegebenen. Die »Hexen« wollten ihre Kräfte nicht unentwickelt lassen, sondern sie ausstrahlen, um »der großen liebenden Mutter« zu helfen. Man kann diesen Geist mit der AGAPE des Neuen Testaments, der hingebenden Liebe der Gedankenregion, vergleichen. Sie wurde von der Priesterin, bei den Feen von der Maid, versinnbildlicht.

Die Kräfte, die der geistigen Welt zur Verfügung gestellt werden sollten, scheinen Strahlungen und Gedankenwellen (Brain-Rays) gewesen zu sein. Sie wurden in der Ekstase streng geordneter schneller Tänze aus den Tänzerinnen befreit und zielgerecht ausgesandt. Denn die Hexen wußten von ihrer Fähigkeit, in Ekstase Kraftwellen auszusenden und sie im Bewußtsein einer zusammengehörigen in Minne verbundenen Gruppe zu konzentrieren und zu verstärken. Diese Tanzgruppen sandten also in strengen Riten und von einem eingeweihten Priester oder einer Priesterin oder Maid gesteuert einen gemeinsamen Gedanken aus. Die Inbrunst wurde durch leises, aber eindringliches Trommeln und Pfeifen geweckt. Die Hexen wußten auch, daß der Mensch mit seiner Haut nicht abgeschlossen ist, und daß gerade ätherische Kräfte von Gewändern behindert werden. Sie tanzten deshalb nackt.

Aber wie die orphischen und dionysischen Mysterien in Griechenland hatten auch die unserer »alten Religion« für die Eingeweihten das Ziel des »mystischen Todes« und der Wiedergeburt als ein höherer Mensch, um als ein Freund der Gottheit von dieser der physischen Wiedergeburt in der alten Heimat und Sippe gewürdigt zu werden. Dies geht auch aus keltischen Feenberichten hervor, nach denen von Heiden mit den Göttern der Unterwelt, die die Wiedergeburten vorbereiten, Verbindung gesucht worden ist. Vielleicht stammt der Homerbericht von Odysseus in der Unterwelt, wie vieles bei Homer, aus solchen Quellen.

Die moderne parapsychologische Forschung über die menschlichen Gedanken hat festgestellt, daß diese nicht nur Wellen sind, die das Gehirn ausstrahlt, sondern daß der ganze Körper dabei beteiligt ist. Diese Tatsache wurde und wird noch von Hexen benutzt, um bestimmte Wirkungen zu erzielen.

Da ähnliche psychische Wirkungen auch bei Pflanzen nachgewiesen sind, ist es klar, daß auch deren Ausstrahlungen auf den Hexentanzplätzen wichtig waren, so besonders Birke, Linde und Kirsche. Das Verbundensein mit den Waldgeistern, die unsichtbar an den Tänzen teilnahmen, war selbstverständlich. Damals vertrat auch noch eine gewisse Hellsicht die Stelle des persönlich zu verantwortenden Intellekts. Wir Menschen von heute müssen diesen Zusammenklang auf einer anderen Ebene, der des Verständnisses und des guten Willens, finden.

Durch die Vermischung mit druidischen Vorstellungen aus Irland – und der irische Einfluß war bei uns groß – entstanden Hexenränge. Die HECHSA, die TRUDA und die WALA unter den eingeweihten Hexen entsprachen den druidischen drei Heiligen, die bei uns »die drei heiligen Madeln« hießen, der BORBET, der WILBET und der AMBET.

»Ränge« entstanden durch besondere Begabung einzelner Hexen, deren »Ausstrahlung« sehr verschieden gewesen sein wird. Dies führte zu besonderer Verbundenheit mit dem entsprechenden geistigen Repräsentanten solcher Fähigkeiten, wie es die drei heiligen Madeln waren. Ihre Standbilder stehen noch heute wie die christlicher Heiliger im Wormser Dom. Mit anderen Namen, aber ihnen entsprechenden Symbolen, sind sie die drei weiblichen unter den sieben Nothelfern.

Die HECHSA, die »Hagediese«, war Ärztin und Helferin bei allen Gebresten von Mensch und Tier. Sie hat sich als »die weise Frau« bis heute erhalten. Ich habe im hinteren Odenwald und im Baland noch alte wilde Weiden und Kirschbäume gesehen, die voller alter und auch neuer kleiner Holzpropfen staken. Sie verschließen Löcher, in denen mit Hilfe der »weisen Frau« Krankheiten »verbohrt« worden sind. Eine Erkrankung heilt wirklich besser, wenn der Kranke fest daran glaubt, daß deren Ursache in einem Baum verbohrt und verpflockt sei. Erst spätere Böswilligkeit machte aus der Hagediese eine Hageldiese. Aber Wettermachen konnten die Hexen nicht.

TRUDA, die Traute, war Helferin bei Gemütskrankheiten. Aber zufolge ihrer Lehre, daß Gemütsstörungen mit Mondphasen, mit Ebbe- und Fluterscheinungen in der inneren Sekretion zu tun haben könnten, wurden ihr als der »Roggenmuhme«, der »Regentrude« oder der »Windsbraut« Einflüsse auf das Wetter zugetraut – natürlich nicht von seiten der Hexen. Aber manche »Traute« ist als Wetterhexe« verurteilt worden. Die Truda entsprach der Wilbete, der »Mondfrau« der Kelten. »Mondkalb« ist ein Schimpfwort gegen sie. »Kalp« kommt vom altenglischen *helpan,* die Helferin.

Die WALA, die auch die »Wölfin« genannt wurde, war die Totenfrau, die Führerin der Abberufenen im »Muotesheere«, der noch in späteren Zeiten, zum Beispiel in Graubünden, Totenfeuer auf den Bergen angezündet wurden. Die Wala war die »Erdhelferin«, auch bei Geburten, dem Wiederzurerdekommen aus dem »Kindlesborn«. Die »Wölfin«, die Romulus und Remus aufzog, war eine Wala, ebenso die Ziehmutter des Amalungen Wolfdietrich. Ihr druidischer Name »Ketkalp«, wobei *ket* feste Erde und Stein bedeutet, wurde zu dem Spuknamen »Kettenkalb«, das zum Beispiel in Freiburg gespukt haben soll, oder zum »Kettenhund« mit glühenden Ketten, wie er in dem Märchen erscheint »Von einem, der das Gruseln lernen wollte«. Die Wala hat auch mit »Walstatt« zu tun. Sie entspricht der AMBETE der Druiden. Sie war die besondere Vertraute der Hexen oder Maiden, die um Wiedergeborensein nach dem mystischen Tode tanzten. Ihre Tanzplätze heißen heute noch »Wolfsgruben« und »Wolfsteine«, und die »Wolfsgassen« sind die Wege dahin.

Diese Tanzplätze waren sorgfältig gereinigte Kreise von drei bis vier Metern Durchmesser, Raum für zwölf Tänzerinnen. Sie hatten den Zweck, alle ekstatisch befreiten Kräfte zusammenzuhalten, nicht, wie später behauptet wurde, als Bannkreise Dämonen und Teufel abzuhalten.

Die Teile der Hexenfeste, die telepathisch wirken sollten, waren wie bei den Feen und Maiden schnelle, genau geregelte Spiraltänze, bei denen keine Tänzerin die andere berührte, die Beine möglichst geschlossen blieben und die Körper schlangenhafte Bewegungen machten. Auch hohe Sprünge, die gewünschte Höhe des Getreides symbolisierend, wurden mit geschlossenen Beinen ausgeführt.

Die Hauptanrufungen, Gesänge und ekstatische Schreie, waren stets nach Norden gerichtet, vielleicht in Erinnerung an die alten Heiligtümer Basileia und Noatun. Von Norden her wurde die Antwort der Gottheit erwartet, oder der Gott selbst, dem das Nordlicht den Körper weben sollte.

Die Hexen unterzogen sich auch strengen Reinigungen vor dem Fest, denn erst wenn die Feuer der wilden Wünsche – später »Drachenfeuer« genannt – gelöscht sind, kommt der gute Geist, der im Alten Testament MELCHISEDEK genannt ist und Abraham mit Brot und Wein begrüßte. Auch die Hexen verteilten zwischen den Tanzakten Brot und Wein oder Met. Aber es ist nie von einer Wandlung die Rede gewesen. Ihre Kulte glichen also nicht christlichen Messen.

Der zweite Akt der Feste war ein Freudentanz, um der Gottheit Dankbarkeit und Lebensfreude zu zeigen.

Die Hexen gingen stets zu Fuß zu ihren Festen. Aber es erschienen oft auch die sie schützenden Herren vom Adel verhüllt und unbeschrieen zu Pferde. Da diese Feste aber zur Zeit der Verfolgungen der Hexen durch die Kirchen stets nachts und an entlegenen Orten gefeiert werden mußten, so wie hier bei Weinheim auf dem Wolfstein, lagen morgens die Pferde müde in den Ställen, und man munkelte von zauberhaften Hexenritten.

Bei Fruchtbarkeitsriten tanzten die Hexen mit Stöcken zwischen den Beinen, die den Boden ritzten, woraus die Geschichten von Besenreiterinnen entstanden sind.

Da die beschworene gegenseitige Minne und Hilfsbereitschaft der männlichen und weiblichen Hexen auch ihre wirtschaftliche Wirkung hatte, wurde die Fixigkeit der Hexen in ihrem Tagewerk als »Hexerei« erklärt. Aber wir sagen heute noch: Fixigkeit ist keine Hexerei!

Aus all diesem geht hervor, daß für die Hexen kein Grund vorlag, das Christentum als solches abzuleugnen oder zu schmähen. Für die Eingeweihten der Hexenbünde gab es allerdings keine Gründe für Furcht und weder Fegfeuer noch Hölle und Teufel. Sie hatten volles Vertrauen zu der helfenden Gottheit. Es wurde ja gerade das, was Jesus im Nikodemusgespräch verlangt hat, seit alters auch von der »alten Religion« erstrebt: jetzt schon ein neuer Mensch zu werden durch Beherrschung der astralen Kräfte, der emotionellen Natur, wodurch Geduld und Frohsinn entstehen in demselben Sinn wie im Christentum: »Freuet euch im Herrn allezeit, und abermals sage ich, freuet euch!«

Im Mittelalter waren die Hexencoven in stellenweise sehr weit reichenden Hexenorden vereint, meist unter dem Schutz eines Fürsten, der verhüllt an den Hexensabbaten teilnahm, mit einer Fürstentochter als Priesterin. Das Zeichen dieser Hexenbünde war noch von den Sakar her der »Sax«, das Kurzschwert. Bei uns waren die Hexenbünde unter den aus Schottland stammenden Herren vom Landschad mit der von Karl dem Großen gegründeten »Heiligen Veme« verbunden. Diese waren ein Bund von Fünfergruppen von Rechtswaltern, die besonders in den Kämpfen zwischen Kaiser- und Papsttum eine große politische Rolle spielten. Durch diese Verbindung wurden die Hexenorden der Kirche in ihrem Machtkampf gefährlich, was 1484 unter Papst Innozenz III. zur Verfolgung der bis dahin tolerierten »Religion der kleinen Leute« führte.

Aus der Hetz- und Greuelpropaganda, die damit verbunden war, und aus Prozessen, deren Urteil schon von vornherein feststand – also als Scheinbegründung für die Hexenmorde – stammen die heutigen Hexen-›Kenntnisse‹ und -Vorstellungen der meisten Menschen. Auf die Scheußlichkeiten der Inquisition will ich nicht eingehen. Jedenfalls ist aber der berüchtigte »malleus malificarum«, der »Hexenhammer«, das niederträchtigste Buch, das Menschen geschrieben haben. Ich lasse dies nicht deshalb weg, weil es zu den Tabus der Kirchengeschichte gehört, sondern weil wir vorwärts und nicht rückwärts denken sollen! Außerdem werden wir durch Kriege, Krimis, Kino und Fernsehen hinreichend über die schwarze Seite menschlicher Willensfreiheit unterrichtet.

Die Hexenprozeß-Akten sind jetzt aber – soweit zugänglich – wissenschaftlich durchgearbeitet, so daß wenigstens einiges an geistesgeschichtlichen Tatsachen herausgelesen werden konnte. Unter den Hexen, die politische Rollen gespielt haben, war die berühmteste die »Jungfrau von Orleans«. Frau Dr. Murray hat nachgewiesen, daß die »Puicelle de France« kein Bauernmädchen aus Domremy, sondern eine dort versteckte Tochter der Königin von Frankreich mit dem Bruder des Königs gewesen ist, was natürlich vertuscht werden mußte. Aus dem Wappen, daß ihr der König nach ihrem Sieg verlieh, geht dies auch hervor. Es zeigt die Lilien der Bourbonen, dazwischen den aufgerichteten »Sax«, das Kultschwert der Hexenbünde.

Aber auch die Schilderung der Jeanne d'Arc in dem Buch »Quelques Amis de Dieu« von Sedir ist ausgezeichnet. Danach war Jeanne bewußtes und vorbildlich gehorsames Werkzeug des sie erfüllenden Christus. Als solches hat sie gelebt, gedient, gesiegt frei von Eigenwünschen, Ehrgeiz und Geltungsdrang. Deshalb konnte sie als »la Puicelle de France«, die »Maid von Frankreich« und Herrin der Hexenbünde den hundertjährigen Sippenstreit des Hauses Anjou zwischen Bourbon, Valois und Plantagenet beenden. Ihr halfen die »kleinen Leute«, die Hörigen, wo es sein mußte, im Kampf mit der Waffe, und ihr innerer Befehl war: »Selig sind die Friedefertiger«, also: die den Frieden wieder herstellen können. Was siegt, ist immer die Innigkeit.

Da aber auch ein Streit zwischen zwei Päpsten in Rom und in Avignon entbrannt war, mußte der Puicelle der Hexenprozeß gemacht werden, damit für Rom keine Kampfparolen gegen Avignon entstanden. Es war aber ein dem Prozeß Jesu genau nachgemachter Scheinprozeß. Verbrannt wurde Johanna nachweislich nicht: sie hat danach den Lothringer Robert d'Armoise geheiratet.

Der alte Zwang der Selbstaufopferung der Gotterfüllten bestand im Mittelalter nicht mehr. Es genügte, daß sie verschwanden, wenn ihre Dienstzeit abgelaufen war.

Bei den Kulten der Druiden muß hierzulande auch der Erdmagnetismus eine Rolle gespielt haben. Er ist vielleicht als eine Hilfe der »Großen Mutter« wahrgenommen worden. So liegen die in unserer Landschaft noch vielfach nachzuweisenden Tanzplätze meist auf erdmagnetischen Kreuzungspunkten, und waren so zueinander geordnet. Diese ehemaligen heiligen Punkte galten seit der Zeit der Druiden als die »Punkte der Herrschaft«, und viele spätere Ritterburgen wurden auf solchen errichtet. Das war notwendig, um den Herrschaftsanspruch begründen zu können, und um bei den Fronarbeiten der »kleinen Leute« keine Schwierigkeiten zu haben. So sind vom Dossenheimer Hexentanzplatz, heute »Gschlößl« genannt, die Strahlen- und die Hirschburg, die Windeck und die Starkenburg, das Auerbacher und das Alsbacher Schloß wie auf die Schnur gereiht nach dem damaligen magnetischen Nordpol – 7° West – ausgerichtet.

Ekstatische Kräfte, wie die Hexenmagie sie erzeugte, konnten von Eingeweihten mit geschultem Willen medial geleitet und damit auf kranke Menschen und auf Haustiere »ausgestrahlt« werden, wodurch sonst nicht erklärbare Gesundungs- und Fruchtbarkeitswirkungen erzielt worden sind.

So gab es unter den Hexen, wie besonders aus England berichtet, »Pferdeflüsterer«, die die wildesten Rosse gefügig machten.

Von diesen Kulten der »alten Religion« sind aber weit mehr Entartungen bekannt geworden, als unverfälschte Gottesdienste von ekstatischer Inbrunst. Ich selbst durfte auf einer meiner »Reiterunternehmungen« in Polen noch einen wirklichen Hexentanz miterleben.

Ich hatte Befehl bekommen, auf einem kleinen Berg, der ungefähr Szatrija hieß, eine angebliche Partisanengruppe zu erkunden, über die dunkle Gerüchte umgingen. Ich gehörte aber zu den Deutschen, die sich Mühe gaben, alles zu vermeiden, was eine spätere Versöhnung erschweren würde. Deshalb ging ich erst den Gerüchten, nicht gleich mit der Waffe den »Partisanen« nach. So erfuhr ich, daß auf diesem Berg seit alten Zeiten die Hexen bei Vollmond tanzten. Sie trügen dabei die Trachten der Feinde des Landes mit der Absicht, diese dem Teufel in die Hände zu spielen. Ich wurde vor ihnen halb scherzhaft gewarnt, denn es werde auch jetzt noch von ihnen gesprochen, als ob es auch heute noch nicht nur Gespenster, sondern Hexen aus Fleisch und Blut dort gäbe.

Mein Pferd hatte keine Furcht vor Hexen und Teufeln, und ich war so gern mit ihm allein unterwegs, daß ich meinen Pürschritt auf Hexen in der nächsten Vollmondnacht ohne Begleitung unternahm. Das erste, was ich vernahm, war das Klingeln von Bauernfahrzeugen im Wald, wie wenn sie sonntags zur Kirche führen. Auf kreisrunder Räumungsfläche im Birkenwald, die vom Mond magisch beleuchtet war, fand ich dann die Gespanne, deren Pferdchen Glocken trugen, in Ordnung aufgestellt. Zum Teil offenbar bewaffnete Männer bildeten am Waldrand einen Schutzring, in dessen Mitte sich leicht beschwingte blonde Mädchen zum Tanze ordneten. Leise erklangen Balalaiken, und in der Mitte des Kreises erschien eine Maid, an deren Kleidsaum silberne Halbmonde blitzten: eine »Himmelsjungfrau«. Und sie sah wirklich so aus, wie wir sie uns denken und wünschen. Ich hatte sofort das Gefühl, daß es sich hier um einen ernsten Gottesdienst handelte und hielt mit gezogener Mütze unbeweglich am Waldrand. Ich wurde bemerkt, aber nicht beachtet.

Der Reigen aus weichen Tanzbewegungen kunstreich verschlungener Art wurde mit der Musik schneller und schneller. Die Männer stampften den Takt, und die Tanzmaiden kamen in eine Ekstase, die auch mir Herzklopfen brachte. Die strenge Ordnung des kultischen Tanzes blieb auch in raschen Wirbeln erhalten, aber die Tänzerinnen begannen, magische Worte auszustoßen, wie seltsame Vogelschreie. Ihre Arme reckten sich nach Norden hin, ihre Hände hielten (offenbar holzgeschnitzte) Messer wie bei Tänzen der alten Hexenbünde.

Leiser und leiser wurde die Musik. Die Inbrunst verebbte. Die Tanzmädchen ordneten sich wieder zum Kreis und verneigten sich zeremoniell vor ihrer Priesterin, ebenso – etwas steifer – die sie schützenden Männer und ich.

Mit kurzem Gruß wendete ich mein Pferd und entritt träumend und unangefochten durch den nachtdunklen Wald, in dem nicht nur die Käuze riefen, sondern auch fernher fröhliche Menschen in der Nachfeier ihrer Zeremonien. Mein Pferd fand zuverlässig den Rückweg. Ich sinnierte über diese Begegnung, denn die Tanzmädchen waren offenbar blondhaarige Töchter von Nordleuten, wie sie, vielleicht Wikingersippen, »Waräger«, zwischen den Slaven wohnten. Sie schienen sehr alte Traditionen gut bewahrt zu haben. Ich machte natürlich keine Meldung, und da »nichts passierte«, fiel das nicht auf.

An diesem Erlebnis hatte ich viel Freude, denn ich wußte damals eigentlich nur von den Verfallsformen der Hexenbünde. Schon im späten Mittelalter müssen die ekstatischen Kräfte mit der Entwicklung des persönlichen Intellekts, namentlich aber auch durch die Zerstörung von Millionen irdischer Leiblichkeiten von angeblichen Hexen durch die Inquisition kurz nach dem schrecklichen Blutopfer des Kinderkreuzzugs gefehlt haben, oder deren Träger sind in Untergründen verschwunden. Es entstanden Entartungen, die – wie heute – Lebenssteigerung durch Pflanzengifte suchten.

Vom Abergeist der falschen Hexen

Die Verwendung von Hexenkräutern scheint dadurch ausgelöst worden zu sein, daß von der Inquisition verhaftete Freunde und Freundinnen mit Drogen versorgt werden mußten, um die Folter als Zwang zu Teufelsbekenntnissen unwirksam zu machen. In der Kosmosbibliothek, Band 241, sind »Zauberpflanzen und Hexentränke« von Heinrich Marzell dargestellt. Ich will hier nur die erwähnen, die zu besonderen Zaubergeschichten geführt haben.

Das Erlebnis, durch die Luft geflogen zu sein, also den Leib verlassen und raum- und zeitfrei werden zu können, wie die echten Hexen in der Inbrunst, wurde mit einer Salbe aus Bilsenkraut, Stechapfel und Tollkirsche erreicht. Der Bonner Pharmakologe Fuhner soll dies laut Heinrich Marzell an sich selber ausprobiert und bestätigt gefunden haben. Die Vorstellung, als ein Tier unerkannt Beobachtungen machen zu können, wurde durch das Gift des Eisenhuts erreicht. Das

Hexenkraut Alant *(Inula helenium)* haben die Ostgermanen aus Asien mitgebracht. Es wurde auch von der Kirche als Heilkraut anerkannt, aber es waren mit seiner Verwendung umständliche Gebete und Reinigungen verbunden, um allen Spuk daraus zu bannen. Das Heilkraut der Maiden, Sinau, der Frauenmantel *(Alchemilla),* galt später als der Mutter Gottes geweiht.

Alle diese Pflanzen mußten vor dem Schneiden oder Graben angeredet werden. Ihre Elfen bekamen gesagt, zu welchen Zwecken ihre Pflanze benötigt wurde, und sie wurden gebeten, ihr die Kräfte dazu mitzugeben. Es war auch üblich, solche Pflanzen zu bezahlen, dem Elf ein Geld- oder Brotstück hinzulegen.

Harmlos waren die Mittel, »unsichtbar« zu machen. Hexen, die nachts und nackt zum Tanzplatz gingen, rieben sich mit Pfefferminzöl ein. Das wärmte, und sein Duft erleichterte die Ekstase. Bei Gefahr mischten sie Ruß hinein und wurden damit »unsichtbar«, vernachlässigten aber die wichtige Reinlichkeit.

ALBRUNA, die Elfenraunerin, die Krankheiten durch magisches Besprechen zu heilen vermochte, ward nicht mehr gefunden. Sie ging als »Alraune« in die Legende ein. Aber der Handel nahm sich dieser Lücke an und vertrieb die Alraunwurzel, die Mandragora, die wie ein Menschlein aussieht. Sie soll vom Toten Meer unter der herodianischen Schwarzmagierburg Machärus herstammen, und sie soll nur herausnehmbar gewesen sein, wenn sie zuvor mit menschlichen Geschlechtsausscheidungen begossen wurde: eine Händlerlegende, um den Preis zu steigern. Der Handel vertrieb auch »Vermeinkräuter« gegen Hexenzauber, zum Beispiel die Mistel. Sie sollte besonders gegen die »Siechtig«, die Fallsucht helfen. »Siech« ist ein alemannischer Name des Teufels. Aber schon der alte Plinius nennt *viscum album,* die Mistel, als Heilmittel gegen die Fallsucht.

Die angebliche »Hexe« Kirke benutzte Eisenhut, Akonit, um ihre Gäste zur Selbstbesinnung zu bringen, nämlich in die Gestalt, die ihrem wahren Wesen entsprach. Bei ihr wurden des Odysseus' Gefährten, die Berserker waren, zu Schwarzwild. Odysseus selbst aber hatte das »Megatherion« getötet: alle Widerstandskräfte gegen den Götterwillen in sich besiegt. Der Eisenhuttrank der Kirke konnte ihn nicht »verwandeln«. Der Molylauch aber, *Allium magicum,* den ihm Hermes gegeben hat, ist seit alters und heute noch ein Beruhigungsmittel und wirkungslos gegen Zauber.

Die heutige Benutzung von Drogen hat eine völlig andere Ursache. Aus dem Gruppenbewußtsein der »alten Religion« ist das persönliche Selbstbewußtsein geworden, das durch Verlust aller Kontakte mit den Zwischenreichen oft unsicher bezüglich des Sinnes allen Selbsteinsatzes geworden ist. Es sind dies meist Folgen des grundsätzlichen Irrtums, daß in Technik und wirtschaftlichem Wachstum alles Persönliche – von einer kosmischen Ethik bis zu Heimatsgefühlen – bei modernen Menschen nur störend sei. Der Hunger nach Erlebnissen und der Durst nach Empfindungen wird durch Massenmedien gestillt, oder durch entsprechend manipulierte Auslandsreisen.

Noch harmlose Bilder für diesen Niedergang und Beispiele für rechtzeitige Umkehr sind die Hexengeschichten unserer Märchen. Ihre Waldhexen haben nichts mit Kulten der alten Religion zu tun. Sie sind deren Gegenpol. Die Waldhexen hemmen überall, während die echten Hexen Lebenssteigerung suchten. Die Hexenmärchen sollten uns lehren, uns nicht mit unserer Leiblichkeit und deren Trieben zu identifizieren. Diese sind im Machtbereich von Hexern, die dem »Management« angehören. Wir sollten das wirkliche »Ich«, die Jungfrau Menschenseele, in uns befreien, mit ihr eins zu werden. Wenn im Märchen die Hexe die »Prinzessin« bewacht, so ist das ein Bild dafür, daß das, was die wahren Hexen beschwingt hat, alt, griesgrämlich und unglaubwürdig geworden ist. Deshalb muß »der Prinz«, der entsprechend begabte Mensch, drei Proben erfüllen können: Schweine hüten, das heißt, das Tierische in sich beherrschen. Er muß seine »Bienen« hüten. Seine Worte dürfen nicht mehr »stechen«. Die Hasen, seine überall umherlaufenden Gedanken, müssen auf Pfiff gesammelt werden können. Das Pfeifchen kommt sicher rechtzeitig vor der noch gefangenen höheren Bewußtheit.

Überall sucht die Märchenhexe, das Einswerden zwischen Persönlichkeit und Seele zu verhindern. In den »zwei Brüdern« versteint sie den einen, verführt ihn zu Materialismus, bis »der silberne Knopf«, das »Geistfünklein« des Bruders sie entmachtet. Bei »Hänsel und Gretel« heißt sie »Genußsucht«, und die Kinder tun recht, wenn sie die trüben Fensterscheiben ihres engen Bewußtseinshäuschens einschlagen und zum Lebkuchendach Licht hereinlassen. Die Hexe will Johannes, das Geistkind, »dickfüttern«, weil sie Geist mit Intellekt verwechselt, den man mit Wissen vollstopfen kann. Für Margarethe, die Perle, das Seelchen, hat sie nur »Krebsschalen«. *(R. Meyer, Weisheit in den Märchen.)*

Der Kampf gegen diese Art von Hexenwesen ist aber in vollem Gang. Er besteht darin, durch gute, kenntnisreiche und liebevolle Beziehungen zu allen Lebewesen, insbesondere unter den Menschen des eigenen Wirkungsbereiches, durch Lebens- und Verantwortungsfreude im großen Vertrauen zu dem EINEN und dessen Entwicklungsgedanken, Hindernisse zu beseitigen, »Bremsen aufzumachen«. Dann können wir gemeinsam der »Prinzessin Menschenseele« dienen, die die eigentliche Fee oder Maid unserer Erde ist.

Zum Schluß noch das kürzeste und kaum beachtete Märchen von den »Gaben des kleinen Volkes«.

Da finden zwei Wanderburschen einen »Tanzplatz der kleinen Leute«. Sie werden nächtlicherweise in den Kreis aufgenommen, aber es werden ihnen Haupthaar und Bart geschoren: vorgefaßte Meinungen und alte Zöpfe abgenommen. Dann dürfen sie etwas von den Schätzen der kleinen Leute mitnehmen, das aussieht wie Kohlen. Aber im Schlaf nach Mitternacht wird ihnen klar, daß es »Gold« ist, helle Herzensweisheit in dunklem Stoff. Der eine der Burschen ist gierig und geht ein zweites Mal hin. Aber die zweite, aus schlechtem Motiv genommene Gabe bleibt »Kohle«, und die erste wird es auch wieder. Wir haben also nur dann Gewinn von solchen Geschichten, wenn wir sie so freundlich aufnehmen wie Sie, meine Leserinnen und Leser.

Gespenster moderner Psychologie

Von einem, der auszog, das Gruseln zu lernen

Gespenster treten nur dann auf, wenn die Umwelteinflüsse stärker sind als die klare Bewußtheit, physisch wie geistig »am rechten Ort zu sein«. So mußte ich, einer Bitte um einen »Gespensterabend« zu genügen, einen entsprechenden Ort dafür suchen. Eine alte Burg war nicht leicht zu finden, denn alles alte Gemäuer dient heute dem Fremdenverkehr, und Gespenster werden dort technisch hergestellt. Dennoch fand ich, was ich suchte. Die Schleiereulen sorgten durch eine entsprechende »kleine Nachtmusik« für angenehme Schleier über den Tagesintellekt.

»Wenn wir die Forschungsergebnisse von Edgar Dacqué als stimmend annehmen«, begann ich, »die er in seinem Buch ›Urwelt, Sage und Menschheit‹ mitgeteilt hat, sind Gespenster in Tiergestalt und die Tiersymbole aller Mysterien der Wirklichkeit nahekommende Darstellungen menschlicher Einzeleigenschaften. Der Mensch stammt nicht vom Affen ab, sondern ist aus eigenen sprunghaften Entwicklungen geworden. Die Tierformen und deren innere Weisungen sind vorzeitiges Auftreten einzelner Ideenkomplexe des Gesamtschöpfungsgedankens »Mensch«, der seinerseits noch immer in Vervollkommnung begriffen ist.

In unbewußter Einsicht in diese Wirklichkeit haben Menschheitslehrer durch Darstellung von Geistern, Gespenstern und Dämonen in scheinbar nur phantastischen Gestalten den Menschen Spiegel vorgehalten. Diese Gestalten sind heute, nachdem die Sprachen der alten Mysterien vielfach mit Erfolg geheimgehalten oder in Vergessenheit gebracht sind, nicht leicht zu deuten. Mit einigen, die heute noch wichtig wären, sei der Versuch gemacht. Aberwesen, die durch Beobachtungsfehler oder ›Jägerlatein‹ entstanden sind, lasse ich weg.

In einem Grimmschen Märchen zieht einer aus, das Fürchten zu lernen. Er ist ein ›Spätentwickler‹, würden wir heute sagen, der von dem, was einem seines Alters normalerweise von Erwachsenen ›beigebracht‹ wird, einstweilen nichts aufnimmt. Er lebt also noch ganz aus der Urweisheit, die in jedem Menschen angelegt ist. Er ist deshalb völlig furchtlos, aber dienstbereit, barmherzig und fröhlich.

Der Küster erbietet sich zuerst, dem Jungen das Gruseln beizubringen. Er ist meist des Pfarrers Spiegelbild. Hier spielt er ›Gespenst‹ auf dem Kirchturm, wo der Junge um Mitternacht die zwölf Glockenschläge tun soll. Er spielt es falsch, denn was Menschen Gruseln macht, ist die Unabhängigkeit der Gespenster von Raum und von Schwerkraft, also ihre Beweglichkeit. Der Küster aber bleibt in seiner Leinentuchmaske stumm stehen. Er wird natürlich als ›überflüssig‹ entfernt. Daß er dabei die Treppe herunterfällt, ist sein Pech.

Der natürliche Mensch erkennt ›Tod‹ nicht an. Die Religion hat ihn schon lange, die Wissenschaft erst jetzt, als Verwandlung von Materie in Energie erkannt. Aber der Junge hat doch eines gelernt – und gerade das ist falsch – nämlich, daß die Leiblichkeit schon ›der Mensch‹ sei. So versucht er auf dem Galgenberg, Leichname Gehenkter durch Erwärmen am Feuer wieder zum Leben zu bringen. Natürlich muß dies mißlingen, denn es sind ja nur abgelegte Hüllen, wie sie den Menschen für irdische Perioden ihres Daseins zur Verfügung stehen. Im Tiefenbewußtsein ist es dem Jungen aber selbstverständlich, daß unter einem Galgen höchstens menschliche Unzulänglichkeit ›spukt‹, die ›Galgen‹ ermöglicht, aber nichts Erschreckendes.

Die ›Gastwirtschaft‹, in die der Junge danach kommt, ist auf der Erde die Sammelstelle von Menschentypen und Meinungsorten aller Art. Ein Wirt, der das alles miterleben und mitanhören muß, kommt aus dem Durcheinander äußerlicher Irr- und Umwege seiner Gäste auf den richtigen Vorschlag für den Jungen, daß nämlich nur ›der Weg nach innen‹ weiterführt.

Unser Inneres sollte eigentlich ein ›Königsschloß‹ sein. Aber es herrscht darin, solang das Denkvermögen nicht entwickelt ist, ein heilloses Durcheinander. Zwar hat jeder von uns vom ›König‹ drei Dinge mitbekommen: Feuer, also Wärme und Licht, und so viel Denkkraft, daß wir uns die Erscheinungen und Begegnungen zurechthobeln und zurechtdrehen können, im Märchen ›eine Hobelbank und eine Drehbank mit dem Messer‹.

Zuerst erscheint dem Jungen in diesem bis dato noch ganz fremden ›Schloß‹ in Gestalt von zwei ›schwarzen Katzen‹ die Verführung zum Kartenspielen, wobei alle anderen Ideen verlorengehen. Die Kartenfiguren sind Halbmenschen und deren Gegenbild, also ›oben‹ Verführte nach Wolkenkukkucksheim, ›unten‹ nach der Tierheit. Da beides gleich falsch ist, können sie ohne weiteres umgedreht werden. Der Junge aber merkt aus unverfälschtem Empfinden, daß er da ›angekrallt‹ werden soll und wirft diese ›Idee‹ hinaus.

Aber das war nicht der einzige Wunsch, der in seinem Innern auf die Erfüllung gehofft hat. Es kommen ›Kettenhunde‹ zum Vorschein. ›Ket‹ ist ein altes Keltenwort für feste Erde. Alle Spukgeschichten von Kettenhunden, Kettensauen und Kettenkälbern gehen auf die druidische Erdhelferin Ambet zurück, die auch ›Ketkalp‹ hieß. Es sind dies alles Wünsche und Begierden, die ›an der Erde haften‹ machen und Höheres verhindern. Deshalb wollen diese Spukgestalten auch ›gleich das Feuer ausmachen‹. Aber so viel Denkkraft hat der Junge, daß er dieses Gesindel mit dem ›Schnitzmesser‹ fortjagt. Bekanntlich ist alle Formgebung Gedankenenergie. Der Junge hat zwar noch nicht ›das Schwert‹ der endgültigen Entscheidung, sondern einstweilen nur ein ›Schnitzmesser‹, aber er hat auch noch keine ernstliche Gegnerschaft.

Nun versucht er zu ›schlafen‹, das heißt, er sucht den Ruhepunkt in sich. Der ist aber noch nicht zu einem festen Schwerpunkt geworden, und ›das Bett geht mit ihm treppauf, treppab‹. Er nimmt das nicht ernst und ruft: ›Nur immer zu!‹, bis das Unterste zu oberst liegt. Da strampelt er sich von allen Decken frei und schläft ruhig an seinem ›Feuer‹ ein, dem noch unbewußten ›Fünklein‹, von dem der Meister Eckehard spricht.

Das erinnert an ›le lit merveil‹ in der Gawainlegende, als der Ire Gawain in dem von falschen Begierden verwünschten ›Schloß Schastelmarveil‹ die von dem Skythen Klingsor gefangen gehaltenen ›Maiden‹ befreien will. In intensivem Gebet gelingt es da Gawain, seinen festen Vertrauenspunkt in sich zu finden und das ›Wunderbett‹ zum Halten zu bringen.

Noch weiter war Odysseus, der sein ›Bett‹ an einem Kult-Ölbaum festgemacht hat und auch nach langer Irrfahrt daran festhält, als Penelopeia, ›die von aller Mühsal Freie‹, seine Seele, danach fragt.

Wo aber der feste Grund unseres Wesens nicht erkannt ist, ›spielen wir noch mit Totengebein‹, mit seelenloser Materie. Das Märchen schildert als neuen Spuk des noch ›unaufgeräumten‹ Schlosses, wie durch ›Implosion‹ (aus halben Bewußtheiten und Entscheidungen) Halbmenschen entstehen, und dann zusammenkommt, was nicht zusammengehört. Solches hat der Maler Breughel in seiner ›Versuchung des heiligen Antonius‹ meisterlich dargestellt. Aber der Junge hat auch hier stets das richtige Empfinden, daß dieser Spuk nichts Ernstliches, sondern ein Zwischenspiel menschlicher Unzulänglichkeiten ist und dreht aus Totenschädeln Kegelkugeln, denn beides ist ja nur Stofflichkeit. So ›verliert er nur ein paar Heller‹ in diesem Spiel.

Dieses natürliche Empfinden kennt auch die Stufenfolge unserer Erkenntnisse.

Das ›höhere Selbst‹ ist noch scheintot. Es wird wie eine gespenstische Leiche ans Feuer getragen. Der Junge nennt es in einer leisen Ahnung von Verwandtschaftlichkeit ›Vetterchen‹ und erweckt den Scheintoten in seinem Bett, das jetzt fest steht.

Aber dieses höhere Wesen weiß, daß die Vereinigung mit ihm nur durch den mystischen Tod des Nicht-ich, der Persönlichkeit, und durch Wiedergeburt in höherer Bewußtheit möglich ist. Der Junge versteht das noch nicht und legt dies sein höheres Wesen einstweilen wieder ›in den Sarg‹.

Damit wächst der andere Rührungsanspruch ins Riesenhafte, der des wirklichen oder vermeintlichen Wissens in Erberinnerung. Es tritt in Gestalt eines riesigen Greises auf mit einem langen Bart. Dieser Riese versucht, den Jungen erst mit dem mystischen Tod einzuschüchtern und will dann – wie so oft – entscheiden, wer stärker ist, er oder die unverbildete Lebenskraft der Jugend.

Er führt den Jungen in die tieferen Untergründe seines Wesens, dahin wo die ›Schmiede‹ ist, in der schon immer ›Tatsachen‹ zurechtgeschmiedet worden sind. Der Alte will sein ›Gewicht‹ beweisen, indem er einen der Ambosse in den Untergrund hinunterschlägt. Vor das Werk des Jungen aber hängt er höhnisch und neugierig seinen Bart. Der wird vom Schlag des Jungen eingeklemmt, und nun bekommt der Alte ›Schläge mit einer Eisenstange‹, er bekommt also das Eisen des jungen Bluts zu spüren, wie noch heute.

Aber dieser Alte im Märchen verspricht dem Jungen, ihm den Weg zu den Schätzen zu zeigen, die in dessen Tiefen noch ungehoben warten. Der Junge traut ihm, und der Alte hält sein Versprechen. So sollte es heute auch sein!

Sie finden drei Kästen ›Gold‹ – angesammelte Menschheitsweisheit. Davon gehört immer einer den ›Bettlern um Geist‹ (im Märchen den Armen), einer muß dem König zu weisheitsvollem Liebesdienst gegeben werden, und nur ein Drittel darf der Junge selbst behalten.

Damit kann er zur mystischen Hochzeit mit der Jungfrau Menschenseele zugelassen werden: Der König vermählt ihn mit seiner Tochter.

Aber die ›Außeneinflüsse‹, im Märchen die ›Wassergüsse‹ des Kammermädchens mit einem Gewimmel von ›Gründlingen‹ lassen den Jungvermählten noch ›gruseln‹. Gründe zum Grausen gibt es nicht. Aber wenn einer noch nicht denken kann und das Unterscheidungsvermögen zwischen ›Gründen‹ und ›Gründlingen‹ oder Scheingründen noch nicht entwickeln konnte, dann wird die ›Prinzessin‹ meist nochmals entrückt und so lange von der ›Hexe Erdenverstand‹ gefangen gehalten, bis der Unterschied zwischen Geist und Intellekt gelernt ist. So ist das größte Glück dieses Jungen im Märchen, daß dieses zu Ende ist, ehe es ernst wird.

Heute werden wir nicht mehr nur verhältnismäßig harmlosen Gespenstern in Krimis, Thriller- und Schockerfilmen oder den Gespenstern angeblicher ›Kunst‹ gegenübergestellt, sondern z. B. auch dem Gespenst Atomreaktor der Plutoniuminteressenten. Dieses Gespenst besteht nicht mehr aus Illusionen, Degenerationen und Minderwertigkeiten, sondern aus sehr intensiven, weitreichenden und schwer kontrollierbaren Strahlungen. Zwar wird uns trotzdem nicht ›der Teufel holen‹, wie Günter Schwab schreibt. Aber dieses Gespenst egoistischen Wirtschaftsdenkens mit raffinierter Verhüllung seiner Gefährlichkeit ist schon ein ›Gründling‹ von der Größe eines ausgewachsenen Haifischs.

Trotzdem müssen wir den unerschütterlichen Glauben,

den der Junge als Gabe hat, aufrechterhalten, solche Gespenster von ihren verborgenen und verbogenen Energiequellen abschneiden und so verblassen lassen. Dann bleibt die ›Jungfrau Menschenseele‹ auch jenseits aller Märchen in unserer Bewußtheit und Garantin unserer Verantwortungsfähigkeit.

Viel ernster als die Prüfungen des Jungen, der ›das Gruseln lernen wollte‹, sind die von drei Mädchen, Schwestern, die von einem Verführer verschleppt werden, der Gespenster hervorruft. Das steht in einem anderen Märchen, das ›Fitschers Vogel‹ heißt.

Fitschers Vogel

Ein ›Fitscher‹ ist ein Zerfetzer, ein Zerstörer von Zusammenhängen, und ›Fitschers Vogel‹ ist ein von ihm seiner Schwingen beraubter Mensch.

Ein solcher ›Fitscher‹ reist im Märchen als scheinbar harmloser, erdabgewandter Beter durchs Land und wirbt als solcher Mädchen für seine ›Schule‹. Wer sich mit ihm einläßt, ihm ›Brot gibt‹, der verfällt seiner Werbung und wird von seinen Täuschungen umstrickt. Im Märchen springen zwei der Schwestern nacheinander willenlos in seinen ›Korb‹. Das Haus des Fitschers steht zwar ›mitten im unwegsamen Wald‹, womit im Märchen die undurchschaubare dunkle Welt gemeint ist. Aber es ist mit märchenhaften Reichtümern angefüllt. Allerdings ist das ›Gold und Silber‹, von dem das Märchen erzählt, wahrscheinlich ›okkulter Schmuck‹ aus Symbolfiguren und Kultgeräten, deren psychische Wirkung eine unendliche Ehrfurcht und Hingabe gegenüber deren Herrn sein soll. Es genügen dazu oft die glänzenden Artikel der Fremden- und Andenkenindustrie.

Ein Meister der Fitscherkunst fängt seine Lehren mit dem an, mit dem die Lehren für Fortgeschrittene echter Meisterschulen enden, der ›Urzelle‹, dem Keim aller menschlichen Entwicklung im kosmischen Plan. Im Märchen verlangt der ›Fitscher‹ von seinen Schülerinnen die äußerliche Aufbewahrung eines ›Eies‹. Er hebt damit das bei Nichtdenkenden durch Unbewußtheit geschützte Heiligtum des Menschen, sein höheres Selbst, in den Bereich primitiver Neugier. Er löst es aus dem Zusammenhang mit der Menschheitsevolution und macht es zu einem ›Ei‹, dem Wahn der Herkunft aus dem Tierreich. Damit zerreißt er die innere Ganzheit und natürliche Sicherheit in seinen Schülerinnen. Er gibt ihnen auch noch ›den Schlüssel zu der geheimen Kammer der unbeherrschten Blutskräfte‹ und als Anreiz sie zu öffnen, das Verbot, dies zu tun.

Im Märchen ist dies die Kammer des Fitschers, in der in Orgien das Blut frei wird. Darin wird ein Mädchen in seinem Bewußtsein zerrissen und zum Tierchen. Das ›Ei‹ ist dann ›blutbefleckt‹. Ein solches Gespenst eines Menschen sieht dann seine Erfüllung in inbrünstiger Hingabe an den verkannten Meister.

Im ersten Korintherbrief (I. Kor. 11,5 u. 10) wird von den Frauen im Gottesdienst verlangt, daß sie ihr Haar bedecken, damit sie nicht in die Ekstasen der degenerierten Aphroditenkulte geraten. Hier im Märchen stellt der dunkle Fitschermeister erst mit Befriedigung fest, daß ›das Ei‹ in Blut geraten ist. Dann bringt er das verführte Mädchen in Ekstase, um es in seinen Orgien zu mißbrauchen. Das Märchen sagt hier: Er schleifte das Mädchen an den Haaren in die Blutkammer und zerstückelte es.

Die Dritte, die Schönste der Schwestern, die der Fitscher nun auch haben will, ist aber nicht wie die anderen in ihrer Leiblichkeit oder in ihrer Wunschnatur bewußt, sondern im Denken. Sie läßt sich zwar auch mit dem Verführer ein, aber um ihrer Schwestern willen. Sie weiß, was ›das Ei‹ bedeutet, und es bleibt ihr inneres Heiligtum. Deshalb kann sie die Gespenster dunkler Orgien, die ›Zerstückelten‹, wieder ›zusammensetzen‹, die Ganzheit und Unteilbarkeit ihres Menschentums wieder lebendig werden lassen.

Ein Fitscher hat keine Macht über eine reine, in sich geschlossene Jungfrau. Aber sein auch in ihm ewiges Menschentum verfällt ihr und weckt die Sehnsucht, sie als Braut zu gewinnen. In ihrem Dienst bringt er die wieder vernünftig gewordenen Schwestern nach Haus. Aber sein Geltungsdrang will Zeugen für seine Hochzeit, und er geht, seine Bewunderer einzuladen.

Die klare Gedankenkraft aber, mit der er in Berührung gekommen ist, beginnt ihn selber umzuwandeln. Sie, die er schon für seine Braut hält, ›fegt von unten bis oben das Haus‹

– nicht umgekehrt, wie sonst üblich, denn bei einem Menschen auf dem dunklen Pfad muß immer zuerst ›unten‹ saubergemacht werden. Aber die ›Hochzeit‹ eines auf diesen Pfad geratenen Menschen, bei dem die Reinigung, die Katharsis, begonnen hat, ist die ›chymische Hochzeit‹ mit dem mystischen Tod. Deswegen läßt das Mädchen aus dem Hausgiebel einen blumenbekränzten Totenschädel herausschauen.

Die Gäste kommen. Als Fitscherschüler können sie das das Haus verlassende Mädchen nicht erkennen. Sie sehen ›Fitschers Vogel‹, als sie ihm begegnen, einen Vogel, den der Fitscher zu rupfen gedachte. Im Märchen tarnt sich das Mädchen, indem es sich mit Honig Vogelfedern afklebt. Auch der Hochzeitsbitter selbst erkennt sie nicht, erfährt nur dies von seiner ›Braut‹: ›sie hat gekehrt von unten bis oben das Haus und schaut zum Bodenloch heraus.‹

Danach kommen die Verwandten der geretteten Mädchen, und des Fitschers und seiner Gefolgschaft Scheinherrlichkeit geht in Feuer und Rauch auf.

Da aber Begegnung mit einem reinen Menschen nie ohne Wirkung ist – das ›Haus‹ gekehrt von unten bis oben –, wird der auf den Weg zur Linken Geratene nach diesem Umweg als ein ›Wiedergeborener‹ den rechten Weg doch noch gefunden haben. Hier ist es also schade, daß das Märchen so früh zu Ende ist.«

»Und unser Abend«, sagten die Zuhörer.

Das wilde und das zahme Heer

Wieder einmal trieb ich mich in den »Ländern der Verlassenen« umher, wie wir alten Pfadfinder die österreichischen und die Südtiroler Gaue unseres Bundes nennen. Wir huldigen nicht dem Reichsgedanken der Hohenzollern, sondern dem Bereichsgedanken der deutschen Seele. Als »Reichsvogt« war ich einst entsprechend beauftragt gewesen.

Bei einem dieser Besuche – es war um die »Wintersonnenwende« – hatten wir am Howart bei Meran, da, wo am Fallschauerbach noch die heilige Wallburg geehrt wird, dem »Muetesheere« Wärmefeuerchen gezündet. Das ist um diese

Zeit der Zug derer, die sich für eine gute Sache geopfert haben, und die nun unruhig darauf harren, daß ihr Opfer Früchte trage. Wir saßen danach in einer Berghütte am Feuer. Eine Zeitung hatte gerade über den Aberglauben gescholten, der im Unteren Vintschgau noch lebendig sei, und es war eine echte »Lucianacht« mit Sturm und wildem Wolkenspiel im Mondschein. Da sollte ich über die Besonderheit dieser Lucianächte berichten, und es entstand ein Gespenstergespräch, bis St. Wallburg Mitternacht ankündigte.

»Die Zeitung hat bezüglich der Lucianacht ganz recht, wenn sie auch nicht weiß, warum. Lucia, die Leuchtende, war eine christliche Heilerin auf Sizilien. Sie soll – offenbar hellsichtig – in weitem Umkreis um Syrakus so oft rechtzeitig haben erscheinen und helfen können, daß gemunkelt wurde, das Einhorn, das niemand sehen könne, trüge sie in den Dämmerungsstunden die weiten Wege zu den Kranken. Nur dem Richter Paschasius, dem ›Leidenden‹, hat sie nicht helfen können. Er war leidend wegen seines Umgangs mit den Schwarzmagiern der berüchtigten Feste Calthabellotha. Paschasius wollte die Heilerin, die sich weigerte, sein unsauberes Haus zu betreten, durch seine Richtknechte ins ›Haus der Schande‹ bringen lassen. Aber die Knechte vermochten nichts gegen die liebeleuchtende, reine ›Jungfrau Mitleide‹. Sie sahen das Einhorn nicht, das sie schützte. Paschasius sah es, konnte es aber nicht erkennen. Lucia wurde unbesiegt getötet. Von diesem Paschasius stammen die Verleumdungen ›von ziegenbockreitenden Hexen‹. Er verkehrte die lautlose Hilfe und die Verteidigung seiner Besiegerin vor der tobenden Menge der Nichtchristen von Syrakus in die Legende von Heeren tobender Geister in der Lucianacht. Aber es ist nur ›Rummel‹ daraus geworden.

Über die mancherorts ebenso mißverstandene Walpurgisnacht habe ich schon einmal in der schwäbischen Alb gesprochen und euch, wo wir gerade nahe von St. Wallburg sind, die Niederschrift mitgebracht.

Von wirklichen ›Wilden Leuten‹ weiß ich nur einiges aus dem Odenwald, wo meine Pferde seit vierzig Jahren ihre Hufspuren in die Waldwege zeichnen.

In alten Zeiten wurde dort von ›wilden Leuten‹ und ›Wildmännern‹ geredet und gefabelt. Es siedelten dort Iren –

Druiden –, die ihre Gottheit ›Har‹ nannten. Zu ihnen gehörten die ›Harlungen‹ in Breisach. Vielleicht hat von ihnen auch die Neckarschwelle bei Heidelberg, der ›Harlaß‹, seinen Namen. Ihre Brotfrucht war Buchweizen oder Heidekorn, das im Odenwald heute noch ›Hare‹ heißt. Als die christlichen Kirchenleute die Anhänger alter Kulte aus den fruchtbaren Auen in die Wildnisse trieben, nannten sie diese ›die wilden Leute‹. So heißt ein Berg der ›Wildeleutstein‹, auf dem die herausgelesenen Steinwälle kleiner Harefelder heute noch zu sehen sind. Diese ›wilden Leute‹ wurden noch um 1500 von dem berühmten Straßburger Prediger Gailer von Kaysersberg als ›hys pani‹, ganze Wildschweine, beschimpft. In einer anderen Predigtnannte er sie sogar ›Sachanni‹. Das ist ein griechischer Vulgärausdruck für ›psatyra krea‹, ›vergängliches Fleisch‹. Er sprach diesen Leuten die Seligkeit ab, wie dem Nöck im Wasserfall. Aber das war Kirchenpsychologie. Heute wissen wir, daß es Menschen ohne ›innere Steuerung‹, ohne Aufnahmefähigkeit für Geistimpulse, nicht gibt. Allerdings leiden manche unter psychischem oder physischem Vergiftetsein oder unter ›Verschlafensein‹.

Denn es gibt auch ein Heer scheinbar freundlicher Gespenster, die im menschlichen Denken und Empfinden durch Drogen entstehen. Hexen berichteten einst ihre Erlebnisse unter dem Einfluß von Hexenkräutern: herrliche Feste, Flüge, Verwandeltsein in freundliche Tiere, Befreitsein von Schmerzen und Sorgen, Träume voll Lebensfreude und Lebenssteigerung. Aber solche Freuden machen Menschen zu Gespenstern ihrer selbst, weil sie die Verantwortung wegnehmen.

Das scheinbar ›zahme Heer‹ der Süchtigen, in dem ›der Wurm ist‹, soll nicht vergessen, daß in allen aus Erkenntnis entstandenen Sagen und Märchen, die vom ›Wurm‹ berichten, dieser einen Ring mit drei Schlüsseln trägt: zum menschlichen Denken, Fühlen und Wollen im Dienst der ›Hohen‹. Diese Schlösser der Begabung, ›in dem EINEN LEBEN zu stehen‹, sollten endlich überall geöffnet werden. Sonst kann dieses zahme Heer unversehens wild werden, denn es gebärdet sich, als ob es ein Alleindasein führte. Dann entstehen Einfälle, die gespenstisch anmuten: Terrorakte und Erschrecken vor eigener Schuld und drohender Vergeltung.

Bei uns ist in der ›Ballade vom wilden Jäger‹ ein solches Racheheer geschildert, das ein Schänder der Schöpfung Gottes hervorruft. Da hat ein Graf – wie ›König Nimrod‹, der Abtrünnige des Alten Testaments – die Jagd mit der Meute in Mordlust und Blutrausch ausgeübt. Aber mitten in wilder Hetze gelang es der guten Magie eines Freundes, ihm – wie die Ballade bildreich schildert – den ›Kopf zu verdrehen‹, so daß er in seine jagdliche Vergangenheit blicken mußte. Da erfaßte ihn lähmendes Entsetzen vor den klagend, anklagend, Vergeltung heischenden Phantomen seiner Opfer. Alles um ihn verschwand bis auf die grausige Vision eines von den gekränkten Elementargeistern der Wälder und Auen geführten Heeres rachedürstender Wesen. Er wähnte sich von diesen gehetzt ›bis an den jüngsten Tag‹. Und dieses ›wilde Heer‹ kann auch heute noch manchen erschrecken, der sein Menschentum vor Gier vergißt, allerdings nicht ›bis zum jüngsten Tag‹, sondern bis zum Abgegoltenhaben solcher Schuld, nicht durch Strafe, sondern durch Wiedergutgemacht-haben.

Viel gefährlicher ist das wilde Gespensterheer, das heute weite Gebiete überfällt und von allen Seiten kommt: das ist der reale tolle Lärm, der Schmutz, Gestank und Giftbrodem eigener Fehlleistungen aus Mißachtung des Verantwortungsauftrags der Menschen für ihren Planeten.

Die Umbesinnung, die solche Wilden Heere auflöst, bezieht sich nicht allein auf Umweltschutz aus Sorge, daß Wasser und Luft einmal nicht mehr ausreichen könnten, oder daß Industrien, Verkehrsflächen, anspruchsvolle Wohnbauweisen zu viel lebenserhaltende Landschaft kosteten, auch nicht auf Beseitigung unästhetischer Anblicke. Da sind immer noch Egoismen darin! Diese Umbesinnung verlangt eine grundsätzlich andere Einstellung, die weisheitsvoller Liebe! Aber noch scheint ihr Gegenpol zu dominieren:

Gewalt mangels Geist

Im ›Vaterunser‹ ist schon eine Bitte, die Verschonung vor diesem Gespenst meint: ›Laß uns nicht in Versuchung geraten!‹ Das altgriechische Wort für diese ›Versuchung‹ ist ›peirasmos‹ und bedeutet Räuberei aus Eigennutz. ›Peirasmos tes thalasses‹ (des Meeres) ist ›Seeräuberei‹!

Es kann, wie die Gegenwart zeigt, nicht durch Polizeigewalt gebannt werden, sondern nur durch Beseitigung seiner Ursache, den Mangel an Geist. Das ist hier das Sicheinfügen in den Geist einer Heimat, einer Ordnung, einer Mitverantwortung. Ein solcher Geist des eigenen Wertes und Sinnes in der Gesellschaft würde rechte Beziehungen an die Stelle von blinder Gewalt bringen und scheinbare Gegensätze in Polen zu einer höheren Einheit werden lassen. Aber wie aller Geist ist auch dieser von seiner ›kosmischen Stunde‹ abhängig. Sein spürbares Eingedrungensein in die Bewußtheit der Menschen ist nicht an Erdenzeit gebunden, wohl aber an die Mitarbeit Vieler zu seiner Lebendigkeit.

Dies gilt gleichermaßen für den einzelnen Terroristen oder Geiselnehmer wie für Gewalt vorbereitende Weltmächte. Es gilt für Intellektbombardements von Massenmedien, die mit Verbreitung von Gewaltmethoden – Krimi, Pornographie, Schreckfilm, Pseudokunst – den Geistrest, den Idealismus gesunder Bevölkerungen, zerstören. Denn auch solches ›Züchten von Normalverbrauchern‹, die keine Imponderabilien in die maschinellen Berechnungen von Gewinnchancen bringen, ist ›Gewalt mangels Geist‹. Auch dies ist nicht durch Verbot oder Unterdrückung, sondern nur dadurch zu beenden, daß es als ›Gedankenmüll‹ erkannt und ebenso behandelt wird, wie materieller Müll. Im Neuen Testament heißt der Ort dafür ›Djehennah‹. Das ist nicht die ›Hölle‹, sondern war der Müllverbrennungsplatz von Jerusalem!

Aber auch das Nichtbeachten dessen, was einstweilen noch ›Natur‹ genannt wird, ist Gewalt mangels Geist. Die Wissenschaft – nicht nur die Grenzwissenschaften – hat den untermenschlichen Teil des EINEN LEBENS anerkannt, in dem intelligente Wesen ihren ›Bedeutungen‹ zu gehorchen suchen. Sie dürfen nicht durch verständnislose, sonderinteressierte Gewalt der Menschen gestört werden. Auch die Erkenntnis unser Aller Mitverantwortung an diesen Entwicklungssteuerungen ist ein Teil des Geists, der vielfach noch fehlt. Er bedeutet keine gramvolle, kostspielige Sorge, sondern ein unbeschreiblich fröhliches Zusammenspiel!

Es muß auch der Schwarzmagier entmachtet werden, der mit dem der geistlosen Gewalt zusammenspielt – die

FURCHT. Dies geschieht durch eine Art der Dienstleistung, die Übereinstimmung mit dem GEWISSEN ermöglicht. Dieses Wissen ist jetzt auch für Materialisten bindend erwiesen, nämlich die Einheit des Lebens, in der alles scheinbar Gesonderte Organcharakter hat und wie ein Organ harmonisch eingegliedert sein muß. ›Furcht‹ hat nur dann Macht, wenn Folgen aus einem Planen und Handeln entstehen, als ob Sonderinteressen, losgelöst von allem und gegen alles andere, ein Existenzrecht hätten (Sonderung = ›Sünde‹). Das gilt auch für Furcht vor gefährlichen Zufällen. Aber Zufall ist doch nur das, von dem ich nicht weiß, wo es herkommt, und wo es hingehört. Sobald wir in großen Einheiten, schließlich in *der* Einheit denken, sind wir auf alles vorbereitet, auch wenn wir es vielleicht noch nicht ändern können.

Unsere Welt wird viel elastischer, wenn harte Denkgrenzen wegfallen; und freundlicher, weil die wirklichen Ursachen viel interessanter sind als deren letzte materielle Auswirkungen.

Diese Fähigkeit des Schauens geistiger Ursachen galt einmal als eine besondere Gabe der Deutschen. So muß es mindestens dem deutschen Idealismus gelingen, alle Bemühungen, ihn zu betäuben, zu überstehen und alle künstlichen Grenzen durch gute Beziehungen hinüber und herüber immer uninteressanter zu machen. Dann ist Gewalt ohne Anreiz.

Vor ein paar Tagen waren einige von Ihnen ebenso wie ich bei einer Beerdigung. Da sind dem frühzeitig Abberufenen alle seine irdischen Unternehmungen vorgerechnet worden. Jetzt habe er plötzlich alles ›Hinterbliebenen‹ überlassen, die ihm nun nachweinen mußten. Es war, als ob die Grabredner den Dahingegangenen hätten festhalten und an seine Erdinteressen heften wollen. So sehe ich mich veranlaßt, an diesem unserem Burgabend trotz der Mondscheinsignale hinter jagenden Wolken, auch etwas über das hartnäckigste Gespenst, das des Todes, zu sagen.

Das Gespenst ›Tod‹

Die Spottfigur ›Gerippe mit Stundenglas und Hippe‹ ist zu einem Bild des so genannten ›Tods‹ geworden, weil das Knochengerüst derjenige Teil des menschlichen Werkzeugs für Erdendienstzeiten ist, der am langsamsten wieder dem Leben zugeführt wird.

Der ›Tod‹ der mittelalterlichen Totentänze bis Alfred Rethel ist deshalb eine ›Spottfigur‹, ein Gespenst, weil es das, was damit sichtbar gemacht werden soll, nicht gibt, so daß es den Herrn des Lebens spottet.

Aber dieses Gespenst geistert nach wie vor durch das Leben der Völker, denn es ist das Schreck- und Furchtwerkzeug von Millionen von Pfaffen aller Art, womit diese meinen, die Menschen unter Druck halten und vor Ausschweifungen und Irrwegen bewahren zu können. Denn ›der Tod ist der Sünde Soll‹ – allerdings nicht als Faktum, sondern als Fiktion. Denn ›Sünde‹ oder Sonderung ist die Illusion, ein abgetrenntes, völlig willensfreies, aus der Tierwelt hergekommenes Wesen zu sein, das mit seiner Leiblichkeit stirbt, sofern es nicht ein besonderer Gnadenakt am Leben erhält, der ›verdient‹ werden sollte und könnte.

Unsere Ahnen wußten noch, daß der Tod kein Ende, sondern der ›Verwandler‹ ist. Aus dem Landsknechtlied ›Der Tod von Flandern‹ geht dies – schon damals nicht mehr verstanden – hervor:

Der Tod reitet einen kohlschwarzen Rappen.
Er trägt einen dichten, nebelgrauen Kappen.
Wenn die Landsknecht' in die Schlacht marschieren,
Will er ihnen Seit' an Seite galoppieren.

Das ist der Tod, wie er heute noch zumeist erlebt wird: undurchsichtig, unvermeidlich, unerkennbar, unvermutet. Aber das Lied weiß mehr:

Der Tod reitet auch einen silberweißen Schimmel,
schön wie ein Cherubim vom Himmel.
Wenn die Maiden ihren Reigen schreiten,
will er sie Seit- an Seite geleiten.

Den ›Maiden‹ der alten Religion war der Verwandler ein Freund. Sie schritten ihre ekstatischen Reigen, um ihm Kraft und Wille zur Wiedergeburt der Verwandelten in der alten Sippe zu leihen.

Das Lied geht weiter:

Der Tod kann auch die Trommel rühren.
Du kannst den Wirbel im Herzen spüren.
Er trommelt laut, er trommelt fein:
es muß der Leib verlassen sein.

Und ist der erste Wirbel geschlagen,
hat's dem Landsknecht das Blut vom Herzen getragen .
Als er den zweiten Wirbel schlug,
den Landsknecht man zu Grabe trug.

Der dritte Wirbel ist so lang gegangen,
bis der Landsknecht von Gott den Segen empfangen.
Der dritte Wirbel klingt so lind,
wie wenn eine Mutter wiegt ihr Kind.

Der Tod kann Rappen und Schimmel reiten.
Er kann mit den Maiden im Tanze gleiten,
er trommelt leis, er trommelt laut,
er schlägt auf eine Menschenhaut.

Sein Trommeln, das den Rhythmus des Herzschlags wandelt, trifft nur auf die ›Menschenhaut‹, die Hülle des Menschen, seine Leiblichkeit. Innen ist die Trommel leer. Das Trommelspiel endet nicht mit dem Stehengebliebensein des Herzschlags, sondern klingt leise weiter im Rhythmus des Lebensleibes, bis ›der Segen Gottes empfangen‹, der Eingang in ein neues, leibfreies Leben erreicht ist.

Der Tod eines Tieres ist Zerstörung einer der Erscheinungsformen einer einzelnen Schöpfungsidee. Zerstörung der Leiblichkeit eines Menschen durch Menschen ist unbefugtes Abkürzen einer Erdenlehrzeit und Hinausjagen eines Entleibten in eine Geisteswelt, in der er vielleicht noch blind ist.

›Der Tod‹ wird von der Menschheit überall mißbraucht, nicht nur in Einzelverbrechen, sondern besonders durch Kriege aus psychischen Erkrankungen ganzer Volks- und Machtgruppen.

Wenn der Tod im Bewußtsein der Menschheit ›Gespenst‹ bleibt, dann müßte folgerichtig die rapide Zunahme der Inkarnationen, mit denen ja ein Abscheiden aus der Geistwelt verbunden ist, als ein anderer, ebenso bedrohlicher

Aspekt dieses Gespenstes angesehen werden. Denn auch die Preisgabe von Hunderttausenden an den Hungertod ist Mißbrauch der verwandelnden Kraft und beschwört ein anderes Gespenst herauf: das entsteht aus dem Absinken der Darbenden auf die Tierstufe und ist der Ausdruck von deren Gesetz: ›Kampf ums Dasein mit allen Mitteln‹ – jetzt mit den Mitteln der Technik in nie gekanntem Ausmaß. Dieses Gespenst des zu Verzweiflungskämpfen führenden Todes aus Mangel kann nicht durch ›Fütterung‹ beseitigt werden. Die tiernahe Bewußtheit würde dann erhalten bleiben. Eine wirkliche Wandlung ist nur durch Denken-Lehren und Bewußtseins- und Verantwortungserweiterung möglich, die vom Wahn der gespenstischen Unvermeidlichkeit dieses Todes befreit.

Aber die im Überfluß lebenden Menschen sind selbst noch zumeist in dem Wahn befangen, daß die Persönlichkeit, die das Gespenst Tod einzig fürchten muß, der ganze Mensch sei. Sie müssen erst selbst erkennen lernen, daß ihre Leiblichkeit ›Werkzeug‹ ist, dessen Unbrauchbarwerden nicht ›Lebensende‹ sondern ›Dienstbezirkswechsel‹ vom Erdendienst auf Dienst in der Geisterwelt zur Folge hat.

Der Tod als der Verwandler, sowohl beim Ausgang aus der Geisteswelt zur Wiedergeburt als Erdenmensch, als auch beim Ausgang aus der Formenwelt zur Wiedergeburt in der Geistwelt, ist unser bester Freund! Er sollte endlich von seinem gespensterhaften Verkanntsein befreit werden!

Der Tod ist allerdings auch ein ›Loslöser‹ von irdischen Haftungen aller Art, und umso schmerzhafter, je verstrickter diese Haftungen sind. Aber auch diese seine Gespensterhaftigkeit, als der unerbittliche Zerstörer, verschwindet, wenn wir an seine Bestimmung als der ›Verwandler‹ denken, der er im Auftrag des Herrn des EINEN ganzen Lebens gehorcht. Man sagt zwar, daß die medizinische Wissenschaft ihm seine Aufgabe mehr und mehr erschwere, aber das wäre nur richtig, wenn er ein Gespenst wäre. Es ist umgekehrt richtig: den Menschen wird mehr Zeit gegeben, durch Erkenntnis ihn richtig zu verstehen und ihm durch eigenes Sichloslösen und Sichverwandelnwollen die Härte und Schrecklichkeit zu ersparen.

Über die Berichte von Verstorbenen aus der jenseitigen Welt, von dort angetroffenen hilfreichen Geistern und Geistführern, wie sie von Medien übertragen werden, möchte ich nicht sprechen, weil ich solche nie selbst miterlebt habe.«

In der Ferne rollten Donner. Ein Flug Ohreulen bellte dumpf. Ein Waldkauz ließ seinen fragenden Ruf ertönen. Eines Zuhörers Braut, der die Nachtstimmen schaurig schienen, fragte:

»Was bedeuten eigentlich die Spukgeschichten, die von Verstorbenen berichtet werden? Gibt es ›Tote‹, die dann unsichtbar bleiben, Gegenstände in Bewegung setzen und in das Denken und Fühlen von Menschen eindringen können?«

»Unter den vielen Spukgeschichten, die umgehen«, antwortete ich, »gibt es tatsächlich auch genaue und ernst zu nehmende Beobachtungen, die zeigen, daß die Loslösung Sterbender von der Erde auch teilweise mißlingen kann. Es bleiben dann offenbar die nicht materiellen Wesensteile, die Äther- und Astralkörper, erhalten und manchmal noch im Besitz der Kräfte, die gelenkte Telepathie und Psychokinese ermöglichen. Solche Gespenster können von Medien identifiziert, und der Grund ihres Nichtloskommenkönnens kann gefunden werden. Hierüber hat ein deutsch-amerikanischer Psychologe, Hans Holger, in seinem eben in Deutsch erschienenen Buch ›Gespensterjäger‹ berichtet.

Irgendwelche Lieblingswünsche, große irdische Sorgen, sexuelle und andere nicht beherrschte Begierden, übermäßige Trauer und spirituelle Zitierungsversuche Hinterbliebener, ungesühnte eigene Untaten und Ängste aus falschen Vorstellungen über Tod und Hölle können zu Spukerscheinungen führen. Es ist aber möglich, solchen Gespenstern zu helfen, wenn es durch genaue Beobachtung der Erscheinungen und durch Medien gelingt, den Namen des Herumgeisternden und den Grund seiner Ruhelosigkeit herauszufinden. Durch furcht- und selbstlose Barmherzigkeit können die Ursachen des Wiedererscheinens manchmal aufgehoben werden. Es ist dies aber oft schwierig, weil für solchen Spuk ›Zeit‹ keine Rolle spielt – Erdenzeit natürlich –, so daß der Erdenleib der Persönlichkeit, von dem er stammt, schon lange begraben sein kann.

Etwas anderes sind ›Poltergeister‹ im Bereich unserer Gesellschaft. Sie gelten heute als Auswirkung einer Art Schizophrenie, durch die die immateriellen, telekinesefähigen Wesensteile eines Menschen, vom Ich desselben nicht beherrscht, Unfug treiben können.

Übernatürliches – auch Wunder – beruhen auf Unkenntnis von Beobachtern und Gläubigen über die Vielfalt und die Weite der immer und überall kosmisch gelenkten Erscheinungswelt, und deren wirklicher geistiger Ursachen. Dazu kommt unsere noch unvollkommene Kenntnis über menschliche Körperausstrahlungen, die genauer zu erforschen heute vielfach versucht wird.«

»Und der Teufel?« klang es aus dem Hintergrund, indes die Fledermäuse in Scharen um uns tanzten und die Insekten jagten, die das Licht unseres kleinen Feuerchens angezogen hatte.

Der Teufel

Der Teufel«, antwortete ich, »ist überall da ›los‹, wo die Einheit allen Lebens mit ihren beiden Polen nicht begriffen, und in Dualismus gedacht wird. Dann wird die Welt in Gut und Böse zerstritten statt in ›richtig‹ und ›falsch‹ oder ›Umweg‹, wenn die Harmonik des Ganzen als ein gedanke und ein Wille gesehen wird.

Der Gegensatz Gott und Teufel stammt noch aus dem alten Atlantis, denn er ist uns sowohl aus Altiran überliefert als der Kampf zwischen AHURA MAZDAH und ANGRA MEINJU, wie auch aus Algonkin von den Leni-Lenapen (Indianern). Dort kämpft nach alten Lehren NNANA BOZNO, der Sonnengeist, gegen TSCHAKENAPENOK, seinen Gegenspieler, den Herrn der Finsternis. Nach der Bibel wird die Unversöhnlichkeit von JAHWE und SATANAS gepredigt, und im Kampf der römischen Kirche gegen die alten Kulte sind auch deren unsichtbare Helfer ›Teufel‹ genannt worden.

Aber in unserem heutigen Bewußtsein gibt es keinen Satan, keinen ›Gegengott‹. Daraus ergibt sich die Antwort an Menschen, die das ›große Vertrauen‹ nicht finden können.«

Ebenso, wie Antimaterie eine nicht existente, wissenschaftlich als möglich erdachte Erscheinung ist, so ist »Satan« und dessen angebliche Gefolgschaft und deren ewige Höllenstrafe eine aus psychologischen Gründen erdachte Abschreckungslehre. Es gibt nur ein Leben mit spannenden Polaritäten, kein Gegenleben und keinen Gegengott!

Aber ein anderer ›Geist‹ wird auch ›Teufel‹ genannt, ›Diabolos‹, der Durcheinanderwerfer. Er ist eigentlich Luzifer, ein Lichtträger, der mißdeutet oder mißverstanden Umwege und Irrwege zu erleuchten scheint. Ein Teil solcher ›Umwege‹ ist zwar im Bereich unserer ›Spielgrenzen‹. Aber einmal muß uns bewußt sein, daß sie noch außerhalb unserer eigentlichen Verantwortlichkeiten sind.

Völlig mißverstanden oder absichtlich so gelehrt ist dieser ›Teufel‹ das angebliche Aberwesen, das an allen ›katastrophalen Zufällen‹ schuld sein soll, die als ›teuflisches Spiel‹ angesehen werden. Aber in Wahrheit beruhen solche ›dummen Zufälle‹, wie schon gesagt, auf Mangel an Wachheit, auf Nichterkennen der übergeordneten Einheit und der besonderen Funktionen der Wesen, die uns begegnen. Dieses ›Gespenst‹ ist allerdings auch keine ›Spottgeburt aus Dreck und Feuer‹, sondern als richtiges Gespenst ein Spiegelbild unserer Ungereimtheiten. Es hat keinerlei ›Macht‹, täuscht aber solche vor, wo es anstatt der eigenen Fehler ernst genommen wird.

Sein Pferdefuß anstelle des linken Menschenfußes geht auf den Schöpfungsbericht der jüdischen Kabbala zurück. Dort wird in dem Buch Sepher Jesirah die Reihenfolge der Begabungen des Menschen mit Sternwirkungen und Körperorganen beschrieben. Im X. Kapitel wird die Erschaffung des Sternbildes Krebs, des menschlichen Sehvermögens und des linken Fußes des Menschenleibes genannt. Wo dieses Sehvermögen keine Ursachen und Zusammenhänge erkennt, wie es dem Durcheinandermacher Diabolos nachgesagt wird, ist auch der linke Fuß nur ein Pferdefuß. In der ›Klassischen Walpurgisnacht‹ Goethes ist des Mephistopheles ›Mühmchen Empuse mit dem Eselsfuße‹ genannt. Empuse ist eine raubgierige Heuschrecke, die nach der Haltung ihrer Vorderbeine zu beten scheint, die ›Gottesanbeterin‹. ›Mühmchen Empuse‹ ist der Abergeist der frömmelnden Scheinbeterinnen, der dann links nur einen Eselsfuß haben kann.

Die Entstehung des ›Diabolos‹ ist in der Offenbarung des Johannes am Ende des Neuen Testaments berichtet. Aber das Verstehen und das Übersetzen einer so umfassenden

Geistesschau in menschliche Sprachen hängt von der Entwicklung des Denkvermögens und des Bewußtseins der Berichterstatter ab.

Der griechische Urtext macht es möglich.

Danach handelt es sich um eine Reihe von Visionen aus dem Bereich der ›Urbeginne‹, der Archai.

Luzifer, der Lichtträger, wird beauftragt, den Menschen etwas von dem Urlicht des Weltenplanes zu bringen. Für den Jünger, dem dieser Lichtträger in der Imagination erscheint, ist er so überwältigend an Licht- und Gedankenkraft wie ein Feuerdrache (nicht ›roter Drache‹). Luzifer wollte den Menschen auch gleich das Ichbewußtsein mitbringen. Aber nach einer lebhaften Besprechung (›polemos‹ heißt ›Getümmel‹, nur im übertragenen Sinn ›Krieg‹) mit Michael (›Wer ist wie Gott?‹) blieb der ›Sohn der Seele‹ noch bei der Hierarchie. Die Menschen waren lange Zeit gruppen- oder sippen-, nicht ichbewußt.

Der ›Drache‹ wischte laut Offenbarung ein Drittel der Sterne vom Himmel, die Planeten Uranus, Neptun und Pluto wurden erst viel später entdeckt.

Der in dieser Vision als Feuerdrache erlebte Lichtträger schien sieben Häupter und zehn ›Hörner‹ zu haben. Von den zwölf Sinnen der heutigen Menschen brachte er zunächst nur sieben mit: den raum- und zeitfreien Ortssinn, den Schönheits- und Harmoniesinn, einen Geschmackssinn auch für höhere Proben, den Auf- und Ausrichtesinn für Entwicklungskräfte und den Geruchssinn auch für feinstoffliche Strahlungen. Dazu kamen im Bild der ›Hörner« noch drei weitere Kräfte: die der schöpferischen Sprache, die Kraft der Beherrschung der Triebe und die Empfindungskraft für Wärme, auch für Gottesliebe.

Aber diese Fülle von Licht und Kraft führte zunächst und auch heute noch bei Teilen der Menschheit zu einseitig materiellem Gebrauch dieser Kräfte, oder zu deren Vernachlässigung.

Dadurch ist das Bild des Gegenspielers des Lichtträgers, ›das Tier aus dem Abgrund‹, zu erklären. Es kommt aus dem Bewußtseinsdunkel der ihre Gaben nicht entwickelnden Menschentypen. Auch dieses Spiegelbild hat sieben Köpfe und zehn Hörner, aber seine Kräfte sind wie ›eingesargt‹, rein materiell und irdisch begrenzt wie Tierinstinkte.

Dadurch wurde der Lichtträger Luzifer zum ›Diabolos‹, dem Durcheinanderwerfer. Aber er ist nicht schuld daran, also kein wirklicher Teufel.

Heute haben die Menschen alle zwölf Sinne erhalten. Sie haben damit die Möglichkeit zu einer Bewußtseinsweite, daß die wachen Sinne in mitverantwortlichem Dienst für die Entwicklung des Planeten verwendet werden können. Wo dies nicht geschieht, entstehen Störungen, weil die ›Lebenskraft‹ (nicht ›Zorn‹) Gottes in ihrer Plangerechtigkeit nicht aufzuhalten ist. Die Wirkungen der sogenannten ›Zornesschalen‹ sind gut vorausgesehen. Aber es ist falsche Übersetzung des altgriechischen Textes, wenn von ›Höllen‹, ›Feurigen Pfuhlen mit Schwefel‹ und ›ewiger Verdammnis‹ geschrieben wird. Es wird dadurch ›DAS GROSSE VERTRAUEN‹ gestört!

›Hades‹ ist das Reich der Schatten, in dem Menschen vegetieren, die wie Schatten ihrer selbst sich vor aller Dienstleistung und Verantwortung drücken. Die durch eigene Wünsche Verwünschten bringen den Fluß des Lebensfeuers ins Stocken, so daß ein Sumpf entsteht. Aber ›Schwefel‹ bedeutet nicht das Mineral! Er heißt ›theios‹, der Himmlische, und es ist damit gesagt, daß auch hier die himmlische Hilfe wirkt. Die Menschen werden immer wieder bezüglich ihrer Umbesinnung geprüft, was nur im Mittelalter gleich Foltern war. Und was mit ›ewiger Verdammnis‹ übersetzt ist, heißt: ›Energische Umerziehung in einem bestimmten Zeitabschnitt‹.

Die ebenfalls mit ›Hölle‹ übersetzte ›Djehennah‹ aber ist der geistige Ort, wo der Mensch seinen Begierden- und Gedankenmüll loswerden kann.

Der überall einwirkende ›HEILIGE GEIST‹ heißt ›paraklethes‹, der Wachrufer dazu!«

»Und der Zorn?« fragte ein Zuhörer. »Ist das nicht auch ein Abergeist von großer Macht?«

»Es gibt ein halbes Dutzend verschiedener Zörne«, antwortete ich. »Mit der Verwendung dieses Wortes ohne Kennzeichnung seiner Motive ist schon viel Verwirrung entstanden. Im Altgriechischen gibt es fünf Ausdrücke dafür, die in unseren Übersetzungen alle ›Zorn‹ genannt werden. Sie bezeichnen aber ganz verschiedene, teils gute, teils böse, allerdings immer sehr aktive Geister.

Cholos, der niederste dieser Geister, ist der des unbeherrschten Cholerikers. In diesem spricht ein Poltergeist aus der Galle, der sehr reizbar ist und mit seinem Lärm – mehr ist es meistens nicht – Denken, Fühlen und Wollen übertönt.

›Heruntergeschluckt‹, wird er zu Groll. Diese Zornart heißt griechisch ›Kotos‹. Er zerstört die Beziehungen zu anderen Menschen durch Unverträglichkeit, zu den untermenschlichen Reichen durch Mißachtung.

Wenn solchem Groll ›Luft‹ gemacht wird, entsteht ein weiblicher Geist, der ›Orge‹ heißt. Dieses Wesen braucht immer männlichen Geistbeistand. Ist es der Cholos, dann entsteht unter der Herrschaft des Diabolos ein wüstes Geschimpfe ohne Sinn. Bei rechtzeitiger Umbesinnung kann es aber auch Thymos, der Lebenswille, sein. Dann klingt ›der Zorn der freien Rede‹ in reinen Tönen mit dem Zweck der Versöhnung.

Die Erregung Orge ist ihrem Charakter nach ganz von ihrem Partner abhängig. Sie kann der Abergeist von ›Orgien‹ sein, wenn sie mit niederen Gespenstern zusammenkommt. Sie kann aber auch die feurige Inbrunst ›orgiastischer‹ Feste kultischen Inhalts sein mit dem Willen, der Gottheit zu dienen.

Auch die Daueranspannung ›Kotos‹ kann guten Absichten dienen als der wilde Eifer, ein bestimmtes, richtiges Ergebnis zu erreichen. Der Eifer des Herrn von allem im Fluß befindlichen, Poseidon, den allzu vielseitig begabten Odysseus trotz dessen Irrwegen zum Ziel zu bringen, ohne daß Proben ausgelassen werden, wird von Homer so bezeichnet. Die Folge dieses Eifers heißt ›odyssomai‹, ich stelle einen Menschen unter meinen göttlichen Zorn, aber zu dessen Bestem. Odysseus heißt deshalb ›der unter Zorn Stehende‹, nicht ›der Zürner‹.

Wieder ein anderer Zorn heißt ›Menis‹. Das ist der des Beengten, Unterdrückten, der sich nicht entfalten kann oder nicht zu seinem Recht und Ansehen kommt. Er wird durch verständnislose Machthaber hervorgerufen und kann ein guter Geist sein, der gegen seine Unterdrücker kämpft.

Die schlimmste Mißdeutung eines griechischen Wortes, das mit ›Zorn‹ übersetzt wird, ist ›der Zorn Gottes‹, ›Thymos tou Theou‹. Thymos aber bezeichnet die Lebenskraft, die Fülle von Kraft aus Gedanken und Liebe. Dieser ›Zorn‹ aus den vier Zornesschalen in der Offenbarung des Johannes Chrysostomus ist ›das eine Leben‹! Da, wo seine Harmonik, seine Weisheit und Liebe nicht beachtet und nicht verstanden werden, also in den Machtbereichen von Abergeistern, kann er allerdings auch wie Müllverbrennung wirken. Es ist dann ›energische Umwandlung‹ alles nicht Plangerechten und alles Lebensfeindlichen.

Wenn sich also von außen oder von innen Zorngeister bemerkbar machen, müssen wir ihre Quellen und Motive prüfen, sie mit Humor entwaffnen, oder, sie als gut anerkennend, vielleicht zu Geduld überreden.

Eigenartigerweise lernen wir dies im Umgang mit höheren Tieren leichter als mit unfreundlichen Menschen, denn nur Freundlichkeit hilft dem Denken zum Sieg über wild gewordene Gefühle.«

Zwischenspiel: Gewitter

Nach dem Gesetz der Polarität wurde uns nach diesem ernsten Teil des Lebens auch dessen heitere Seite auf eine so seltsame Weise gezeigt, daß mancher sie als solche nicht erkannt haben würde.

Auf dem Heimweg durch den Bergwald unter der Burg kam ein Gewitter auf. Unsere Wagen standen im Tal. Wir waren zu Fuß. Es goß wie aus Kübeln. Da wurden Gespenster rege, die ängstliche Gemüter gefährlich zu umtanzen scheinen, ihre Freunde aber neckisch begrüßen. Mit tiefen Schrecken meldete sich der »Geisterbock«, von dem der Jagdherr, der uns die Burg empfohlen hatte, geradezu lateinische Erlebnisse berichten konnte, und über dessen physische Existenz sich die Jäger seit Jahren stritten. Der Nöck eines kleinen Wasserfalls nutzte den seltenen Wasserschwall zu seinem Nachtgesang, in dem das Geröll das Schlagzeug spielte. Die Windsbraut harfte auf bebenden Bäumen. Waldschratte schwebten im Licht der Blitze wie abgerissene Äste vorüber. Die Schönheit der rollenden Donner und der Widerhall in den Hängen bestätigten uns, daß »Furcht« wirklich nur ein Gespenst ist. Aber unterhalb des Waldes hastete eine nur schwer erkennbare Menschengestalt vor dem Wind über das Weidfeld. Sie erhob sich vom Boden! Sie schwang sich in eines Apfelbaums Krone und zappelte dort wie frisch gehenkt. Die erschrockenen Städter zu beruhigen, blies mir meine Freundin, die Windsbraut, ein paar Verse ein, frei nach Morgensterns Galgenlied:

Die Windsbraut riß mich aus dem Grund
blies mich in Baumes Krone,
brach mir mein einzig Bein ab und
hing auf mich wie zum Hohne.

Und wie ich schwinge hin und her
da kommt mir in den Sinn
der Wahn, als ob ich wäre wer
der ich doch gar nicht bin!

Bin eine verwehte Scheuche
der Windsbraut Puppenspiel
und nicht, wie's euch auch deuche
ein Geist, dem zu spuken gefiel.

Das Gewitter zog ab. Der Mond gab uns Licht. Die hellen Elfen tanzten vor uns über die Wiese wie die wippenden Spiegel von flüchtigen Rehen.

An einem Kaminfeuer saßen wir danach bei einem guten Kaffee beisammen, um trocken zu werden. Die Sitze waren alt und nicht alle bequem. Ein Herr zitierte deshalb einen weiteren »Geist« – auch nach Morgenstern:

Wenn ich sitze, will ich nicht
sitzen, wie mein Sitzfleisch möchte,
sondern wie mein Sitzgeist sich,
säße er, den Sessel flöchte.
Dieser Geist verlangt nicht viel,
Schätzt am Stuhl allein den Stil,
überläßt den Zweck des Möbels
ohne Neid der Gier des Pöbels.

Danach sagte eine Dame: »Mir ist auf einmal so heimelig in der Geistergesellschaft! Schade, daß es damit für heute zu Ende ist.«

»Wieso?« mußte ich fragen. »Wir haben doch hier die Feuergeister gebeten, mit ihren Wärmestrahlen die Wassergeister aus unseren Hüllen zu befreien, und draußen« – es donnerte schon wieder – »sind sie auch im Gang. Nach altem, oft als wahr erlebtem Volksglauben stehen sie mit den Baumelfen in festen Beziehungen. Daher kommt die alte Waldwetterregel:

Von den Eichen sollst du weichen,
von den Fichten sollst du flüchten,
doch die Buchen sollst du suchen,
kannst du Linden grad' nicht finden.

Die alten Runenbäume, die Buchen, hieß es ehedem, wird Thors Hammer nie verletzen.

Ohne Furcht, wie Lichtspiel und Musik erlebt, kann ein Gewitter prachtvoll sein!

Deshalb nannte Jesus zwei seiner Jünger ›Donnersöhne‹. Allerdings ist das auch eine Beurteilung. Es sind Menschen, die Geisteslicht nicht als Licht, sondern als Schall weitergeben, unüberhörbar wie Donner.

SPIEL DER GEISTER IN GEWITTERN

Sonnengeister lassen aus den Meeren
die Wassergeister Wolkentürme bauen,
die dann durchtanzt von Feuergeisterheeren
des Wassers Wesen scheinbar ganz verkehren
und unheilschwang're Kräfte elektrisch darin brauen.

Tanzend zugleich in den Erdgeistbereichen
spannen sie geheimnisvoll die Feuergeistermacht,
bis sie urplötzlich – wie auf Gottes Zeichen –
sich magisch ihre Flammenhände reichen,
und ihr Geheimnis blitzend auf- und niederkracht.

Nur wenn die höheren Welten schweigen,
dürfen die kleinen rumpeln, rollen, rauschen.
Nach ihrem Donner sollst das Ohr du neigen
und über Wolken, die entladen steigen,
in klarer Luft der Götter Wort erlauschen.«

»Aber hören Sie mal, Verehrtester!« meinte ein Wissenschaftler. »Das ist doch Elektrizität durch Reibung und H_2O!«

»Nehmen Sie mal doppelt so viele Wasserstoffatome«, sagte ich, »als Sauerstoffatome, alle gasförmig und unsichtbar. Wer läßt dann daraus sichtbares, flüssig verdichtetes Wasser werden? Die ›Natur‹ ist doch nur ein Wort! ›Wasser‹ ist ganz etwas anderes: Es gibt exakt wissenschaftliche Berichte, wonach Wasser auf ›psychotronische‹ Energien von Menschen reagiert! Es verändert unter dem Einfluß eines entsprechend begabten Menschen meßbar seine Struktur und damit z. B. seine Wirkung auf Pflanzen. ›Magisch vorbehandeltes Wasser‹ wirkt wachstumsfördernd. In den wissenschaftlichen Testen sind die drei Atome der Wassermoleküle dann zusammengerückt. Sie sind deutlich spitzer und enger geworden.

Unser Loblied auf ›Wasser‹ müßte etwa so gesungen werden:

DER GEIST DES WASSERS

›Wasser‹ hieß sinnenden Menschen schon immer
jegliches Rinnenden, Fließenden Schimmer,
das sich Ergießende, Strömende, Spülende,
das zu Genießende, Tragende, Fühlende.

›Wasser‹ war Quellendes, feinstofflich Bleibendes,
Festes Ausfällendes, Wirkendes, Treibendes,
und es war Kühlendes, Tatdurst zu stillen,
aber auch Wühlendes, wirkend in Willen.

›Wasser‹ ist nixenhaft freundliches Flüstern,
streichelnd den trinkenden Tieren die Nüstern,
doch schaumbedeckt auch wie Sturmhippokampen
bäumt es sich brüllend an Felsküstenrampen.

›Wasser‹ von Geistern nächtlich durchsungenes,
von deren Weisungen Wirkung durchdrungenes,
aller Wesen geliebtes, kosmisch gesteuert,
wie haben dich Menschen ichsüchtig durchsäuert!

›Wasser‹ sich nennendes strömt doch als ›Leben‹, –
sei es als brennendes Agens gegeben,
sei's als Versendendes, schwingend im Schwall,
sei es als spendendes Labsal – durch's All!

›Wasser‹ ist flutendes menschliches Wesen,
vieles Zumutendes, um zu genesen,
sich Unheilbringendem, Giftigem, Schwerem,
Entgegenstemmendem wach zu erwehren!

›Wasser‹ Einhüllendes, netzendes Gut
oder erfüllendes, tragendes Blut!
Oh du durchdringendes Weltelement!
Du Weisheitsbringendes dem, der dich kennt!«

Die Regentrude, die freundlicherweise unsere Wagen gewaschen hatte, ließ uns frei, die kleinen Geister schwiegen, und die Feierlichkeit, mit der wir uns verabschiedeten, galt nicht nur uns.

Phantastische Tiergestalten als Bilder menschlicher Denkweisen

Die **Schlange** ist das Bild für das physische Organ des Denkvermögens, Gehirn und Rückenmark. So wird die Bewußtseinserweiterung, die Moses mit den Israeliten beim Auszug aus Ägypten erreicht hat, »Erhöhung der Schlange« genannt. Der Wahn der Selbstherrlichkeit, der Adam und Eva nachgesagt wird, ist »Verführtwordensein durch die Schlange«. Dem entspricht der heutige Wahn, durch gewisse Yoga-Übungen Selbstbefreiung und »Glückseligkeit« erreichen zu können. Es wird dazu aus Gier nach Erlebnissen die ätherische Kundalinischlange erweckt. Sie steigt dann längs der Wirbelsäule mit unsteuerbaren Lichterscheinungen auf und verwirrt das Bewußtsein. Sie kann aber auch »gezähmt« werden, wenn das Motiv des Wachrufens durch Yoga der Wille zum Guten, zur Erhöhung der Dienstfähigkeit ist. Die »Schlange« ist also vom menschlichen Willensimpuls abhängig.

Ein Beispiel für rechten Gebrauch dieser »Schlange« ist in dem Grimmschen Märchen »die weiße Schlange« zu finden. Ihr zeugenfreies In-sich-lebendig-werden-lassen ermöglicht hier die Verständigung mit Geistern der Tierwelt. Diese werden dann bei eigener Fürsorge zu Helfern in der Not.

Das noch unterentwickelte, noch nicht ichbewußte Gesamtdenken der Menschheit ist in der Edda als die »Midgardschlange« dargestellt, die das ganze Menschenreich umschlingt. Sie wird von dem Asen Thor erschlagen, der sich dabei selbst opfert. Die Menschen erhielten damit die Aufgabe der Selbstverantwortung. Aber die Fähigkeit dazu mußte erst wachsen. Deshalb berichten Sagen und Heiligenlegenden von einem örtlich übermächtig gewordenen Fehldenken einzelner Menschen oder ganzer Gruppen. Die »Schlange« ist dann ins Übermächtige gewachsen, und die riesigen Reptilien der Vorzeit, die »Drachen«, wurden Bilder dafür.

Drachen. Zu Beginn der christlichen Mission in germanischen Ländern hießen die von den Ostgermanen vertriebenen Küstenbewohner, die »Meerleute« hatten werden müssen, samt ihren Orlogschiffen »Drachen«. Dieser Kampf der Nord- und Ostgermanen hat sich bis an den Mittelrhein ausgedehnt. So ist der »Drachentöter« Siegfried eine Sagengestalt, die den Volksstamm der Nibelungen vertritt. Er ist ein »Sakar«, ein »Geweihter«, Herr der Nibelungen, die das »Drachenland« der Gibichunge, den Ufgau, erobert hatten. Deren vom »Drachen« gehüteter »Schatz«, den Siegfried an sich brachte, waren Kultgegenstände der alten Weisheit der »Erdmutter« und des »Gottes aus der Tiefe«, die in der »Drachenhöhle« verborgen waren. Als ein Hoheitsträger des »ungenannten Gottes« wurde Siegfried später nach altem Brauch von Hagen »geopfert«. Hagen war, wiewohl Heermeister der Burgunden, ein Nibelunge. Deshalb versenkte er den den »Drachen« abgewonnenen Schatz im Rhein. Die Zeit dieser alten Weisheiten aus Bewußtseinsperioden vor der Götterdämmerung war abgelaufen.

Aber die Erkenntnis der Notwendigkeit des Kampfes gegen den Drachen ist uralt und wird schon in der altgriechischen Kadmossage genau geschildert, und Kadmos war der Bruder der Europa. Auf der Suche nach ihr bekam er von dem Orakel zu Delphi die Weisung, einem »wandernden Rind«, den Impulsen des Stierzeitalters, zu folgen. Wo sich das Rind niedertun werde – die Impulse schwiegen – sollte er eine Stadt gründen. Er fand so eine Felsenquelle. Aber dort kamen Gedanken der Selbstüberschätzung in ihm auf. Ein »Drache« erschien, dreizüngig, mit drei Reihen Zähnen, feuerspeiend, giftig. Er wird »Sohn des Ares«, des Entscheidung Fordernden, genannt.

Kadmos besinnt sich zu rechter Zeit. Er tötet das Untier, das, sich immer höher aufrichtend, ihm »über den Kopf zu wachsen« droht. Er nagelt es mit dem Schwert an eine Eiche, den Baum des Ares. Dieser Drache ist ein Bild für innere Unterentwicklung: »Feuer und Gift« sind einander widersprechende Kräfte. »Drei Zungen« sind noch nicht geeinte Sprachen des Denkens, des Fühlens und des Wollens. »Zähne«, die dreireihig einander behindern, sind Zeichen für innere Widersprüchlichkeit.

Mit der Entscheidung gegen diesen Drachen erscheint die Göttin der Denkkraft, Athene. Die bedeutet Kadmos, die Zähne des Drachen der Erde anzuvertrauen. Es entsprießen daraus Bewaffnete, die übereinander herfallen und einander vernichten bis auf fünf gute Kräfte: Erkenntniskraft für Götterimpulse, Liebeskraft, schöpferische Denkkraft, Urteilskraft und synthetische Kraft. Mit diesen gründet Kadmos Theben und gewinnt die Tochter des Ares und der Aphrodite, Harmonia, den inneren Ausgleich.

ORTNIT, ein geweihter König der Langobarden, war ein Sohn des Elfenkönigs ALBERICH. Er befreite auf Weisung seines Vaters ALBRUNA, eine Maid der alten Religion der »kleinen Leute« aus der Gewalt des Sarazenenkönigs Machorel. Sie hieß SIDRAT! Sid bedeutete die Sudkunst der später »Hexen« genannten alten Kultgemeinschaften. Sidrat heißt die »Hexenrätin«. Machorel aber rächte sich durch eine »Drachenbrut« von moslemitischem Intellekt, der besonders der langobardischen Jugend zu gefährlich war. Ortnits Versuch, diesen »Drachen« zu töten, mißlang, weil dazu eine besondere Wachheit gehört. Er schlief zur Unzeit ein.

WOLFDIETRICH, dem von einer Wala, einer »Wölfin«, Erzogenen, gelang es, die Drachen unschädlich zu machen. Er schnitt die Zungen, ihre Hauptwaffen, aus den Rachen. Ein Angeber fand die Drachenleichen, brachte die Häupter in die Königsburg und verlangte den Lohn für die Befreiung des Landes. Aber Wolfdietrich erschien zur rechten Stunde mit den Drachenzungen. Es gibt keine Drachen ohne Zungen!

BEOWULF, ein anderer Geweihter der Wala, »der aus der Fremde kam«, war ausgezogen, um Ungeist zu beseitigen, der in Drachengestalt oder Drachenart in Sippengemeinschaften Unfrieden brachte. Er erschlug bei den Sakar, den »Hirschen«, Unholde, die wie ein Drache zur Nachtzeit die »Hirschhalle« mit niedrigen Gedanken entarteter alter Kulte überfielen. Bei Goten erschlug er den Drachen »Habgier«, der über den vermoderten Schätzen eines räuberischen Atlantiers lag und nächtlich Feuer der Habgier in den Gehöften der Sippen entzündete.

Wenn der Drache der falschen Motive besiegt ist, werden seine Kräfte zu gesunden Energien. HAGEN, ein Geweihter der Hegelingen, tötete den Drachen Gabilun. Er soll das herausquellende Blut des Getöteten getrunken und damit »Zwölfmännerstärke« gewonnen haben. Das aber sind die zwölf guten Gaben des Tierkreises. Zwar hat sie jeder Mensch. Aber sie werden erst wach, bewußt und einsatzfähig, wenn der Drache »Selbstüberhebung« besiegt ist. Unter dessen Herrschaft wären sie doch nur mißbraucht worden.

Der eigentliche DRACHE ist die ins Riesenhafte gewachsene »Schlange« – Gehirn und Rückenmark – persönlicher Selbstüberhebung des Menschen. Er steigt aus dem eigenen Inneren empor. Dann ruft ein Geistimpuls zur Umbesinnung, dem augenblicklich gehorcht werden muß. Hier ist ein Versuch gemacht, dies bildhaft darzustellen.

KAMPF MIT DEM DRACHEN

Reitet ein Ritter im Standdünkelsumpf
in glänzender Rüstung, doch liebesstumpf,
sein Abergeist Herz und Haupt sich erkor.
Drachenhaft reckt er sich prahlend empor
über des Ritters behelmtes Haupt,
dem der Dünkel das Sonnenlicht raubt.

Dann ist ein Sonnenkraftstrahl gewiß!
Der Drache vor Schrecken den Helm abriß!
Der Strahl dringt durch! Des Ritters Schwert
der Entscheidung aus der Scheide fährt.
Munin, der Rabe rechter Gedanken
ruft zum Erwachen aus Eigensuchtschranken.
Im Feuer der Hingabe für den HERRN,
Der plötzlich im Herzen und nicht mehr fern,
fährt die Klinge dem Drachen durchs Haupt,
der da Herr zu sein geglaubt.

»Eins mit dem edlen Pferd« bedeutet einen hohen Grad von Selbstbeherrschung und weiser Zuneigung. So konnte Sankt Georg zu Pferd einen Drachen besiegen. Wenn der Drachenkämpfer aber erst »seines Pferdes Zorn entflammt«

und es »mit scharfen Sporen stachelt« wie der Ordensritter in Schillers »Der Kampf mit dem Drachen«, dann scheut es vor des Drachen »Basiliskenblick«.

Der Basilisk. Das von Kreuzfahrern aus dem Orient mitgebrachte Bild des Basilisken bezeichnet den Namen nach einem Klein- oder Scheinkönig. Ein solcher ist ein Mensch, der meint, seine Körperlichkeit mit ihrer Wunschnatur sei allein schon das »Ich«, und der ihr die Herrschaft überläßt. Er bildet sich dann ein, selbstherrlich leben zu können und versucht entsprechend, möglichst viel für eigene Wünsche zu gewinnen. So wird sein Wesen zum »Basilisk«. Seine Gier vergiftet seine Gedanken. Sein Mund ist nicht mit Anmut, sondern mit dem Mißklang des nicht Mitspielenden, des Störers, verbunden. »Seine Augen schaffen Wüste um sich«, denn alle lebendigen Beziehungen zu anderen Wesen werden durch Ichsucht zerstört. »Die Vögel des Himmels fallen vor ihm tot zu Boden«. Alles Höhere erklärt er als tot. »Sein Anblick schon tötet.« Wer diesen Abergeist in sich selbst entdeckt, der muß durch den mystischen Tod davon befreit werden in der Wiedergeburt als ein liebe-weisheitsvoller Mensch, der bewußten Kontakt mit seiner Seele gefunden hat.

Der Greif. Dieser Riesenvogel übersinnlicher Art ist ein Bild der ersten Hilfe für das wirkliche »Ich bin das« eines Menschen zum Aufstieg in ein umfassenderes Bewußtsein.

In der Sage von Herzog Ernst von Schwaben ist dieser durch sein starres Festhalten an vermeintlichen Rechten mit seinem Schiff am »Magnetberg« gestrandet. Viele Überreste von vor ihm dort Gescheiterten zeigen, wie schwer es ist, hier wieder loszukommen. Aber durch Umbesinnung auf seine Herrenpflicht seine Leute zu retten, findet der Herzog den Horst eines Greifen, hier »Vogel Rock« genannt. Der Riesenvogel trägt ihn und seine Leute auf festes Land.

Das Gudrunlied berichtet von dem schon genannten Herrensohn der Hegelingen, Hagen, daß er als Knabe von einem jungen Greifen entführt worden sei, der ihn dann über einem wilden Wald fallen gelassen habe. Hagen ist also aus der Hut des Elternhauses durch noch unentwickelte Aufstiegswünsche in »die wilde Welt« geraten. Dort aber nahmen sich drei Maiden seiner an, die der Greif ebenfalls dorthin getragen hat. Sie stammen aus drei Erdteilen: eine aus dem Land der Sonnengeborenen, Nordindien, die Zweite von der Grenze des Halbmonds des Islam, aus Portugal, die Dritte von fränkischer Erde.

Es waren dies »die drei heiligen Jungfrauen« Borbete, die Sonnenhelferin, Wilbete, die Mondfrau und Ambete, die Erdhelferin. Sie erzogen den Jungen so, daß er Drachentöter werden konnte.

Auf höchster Stufe ist der Greif identisch mit GARUDA, dem Sonnenadler der Altarier im Gipfel der Esche Yggdrasil. Er ist der Wiederbringer des verlorenen Urlichts des EINEN LEBENS, in dem wir mitverantwortlich stehen und dem EINEN dienen sollen. Auf ihn bezieht sich die Centurie des Nostradamus:

> Wie ein Greif wird kommen Europas König.
> Die von Norden begleiten ihn.
> Rot und Weiß führt er mit sich nicht wenig *(Liebe/Weisheit)*
> Gegen Babels König wollen sie ziehen.« *(Materialismus)*

Die Raben und die Waldrappen. In Livland hat mir ein Rabe verraten, wo ein von einem hohen Herren angebleiter Kapitalhirsch lag. Ich war dort im Forstschutz tätig und sah den Raben über einer Moorinsel in der Luft tanzen, um seine Sippe von dem großen Braten unter ihm zu benachrichtigen.

Wir bargen den Hirsch, ließen den Aufbruch der Raben, und ich wurde auf den Abend eingeladen. Die Herren wollten wissen, wie ich den Hirsch so schnell hatte finden können, und es entstand ein kleiner Rabenvortrag meinerseits.

»Raben sind seltsam begabte Vögel!« sagte ich. »Wenn sie balzen, ist der Reichtum ihrer Ausdrucksmöglichkeiten erstaunlich groß. Zahm oder zutraulich geworden, lernen sie schnell, menschliche Absichten aus der Aura des Menschen zu erraten. Dr. Konrad Lorenz hat Ähnliches von einem Papagei berichtet, der nur dann ›Auf Wiedersehen!‹ sagte, wenn jemand wirklich fortgehen wollte, nie aber, wenn dies noch so täuschend geschauspielert war. Ein Jungrabe in dem Zoologischen Garten, in dem ich einmal ein Semester lang Tierpfleger gewesen bin, begrüßte mich nie, wenn ich ohne die Absicht, nach ihm zu sehen, vorüberging. Aber er rief sofort, und noch ehe ich zu ihm abbog, wenn ich ihn besuchen wollte. Der Elefant, den ich dort gepflegt hatte, trompetete laut, als ich elf Jahre danach und in völlig anderem Aufzug den Tiergarten wieder besuchte. Ebenso rief auch der Rabe von weitem seinen Willkommgruß. Er hat dieselbe Erinnerungskraft wie die bekannte des Elefanten.

So galten die Raben seit alters als Träger von Denk- und Erinnerungskräften. Erst waren diese Gaben aber nur ›bei den Göttern‹. Odin ahnte jedoch, wie die Edda berichtet, daß seine Raben Hugin, das Erinnern-, und Munin, das Denkenkönnen, einmal nicht mehr zu ihm zurückkehren, und daß seine Boten einst bei den Menschen bleiben würden. Es ist so gekommen. Aber ›bei den Menschen‹ sind die Raben vielfach noch ›in der wilden Welt verflogen‹. Das sich Erinnernkönnen an die Welt des Geistes, das Hören von Götterstimmen und das Mitdenken mit dem Willen der Hohen ist zu wirklichen Raben verzaubert.

In unseren Märchen, die verborgene Wahrheiten sind, verwünschen die dort ›Hexen‹ genannten ›Wesen auf den Umwegen‹ die sieben Gaben, die der Mensch von den sieben Planetengeistern erhielt, in sieben Raben. Wenn es solchen Abergeistern gelingt, alle zwölf Sinne, mit denen der wache Mensch ausgerüstet ist, in Gleichgültigkeit und ichsüchtigen Illusionen zerflattern zu lassen, entsteht das Märchen von den zwölf Raben. In der meist unverstandenen Riesengebirgssage wird der ›Rabensal‹, der Weise mit dem Raben, Odin, zum ›Rübezahl‹. Es ist da Denken und Erinnern an die Geistwelt als eigene Gaben überflüssig erschienen und der Kirche überlassen worden. Nicht Odins Zorn oder Lokis Verführung hat die ›Raben‹ ins Menschenreich verjagt, wie in Bodenstedts Gedicht ›Hugin und Munin‹, sondern der Schicksalsgang der Menschheitsentwicklung. Solange diese ›alten Raben‹ noch umherirren, muß auch die deutsche Umbesinnung auf die besonderen Gaben und Verantwortlichkeiten der Deutschen im Bilde des verzauberten Kaisers Friedrich Barbarossa noch hundert Jahre im Kyffhäuser weiterschlafen.

Aber die umherirrenden sieben, wie die zwölf Raben, können erlöst und wieder menschliches Denken und Erinnern werden. Diese ihre Erlösung ist Wiedereingehen in Menschen, deren Bewußtsein Körper, Seele und Geist als eine Einheit umfaßt, ›wie einst bei Odin‹.«

Ich glaube, ich wurde verstanden.

»Und woher kommt der Ausdruck ›Rabenvater‹?« wurde ich noch gefragt.

»Das ist reine Biologie!« sagte ich. »Männliche Raben, wie die Greifvogelterzel, haben nur den Instinkt, den Jungen Beute zuzutragen. Die Verteilung macht die Mutter. Verunglückt diese, können Nestlinge verhungern, obwohl Beute genug auf dem Nestrand liegt, aber den Jungen nicht schnabelgerecht zugeteilt wird.

Vielleicht darf ich noch von einem anderen Vogel berichten, der auch als ›beauftragt‹ galt, dem Waldrapp. Das ist ein Ibis mit dem wissenschaftlichen Namen Geronticus eremita. Er hat bis ins Mittelalter auch in den Südausgängen der Bachschluchten des Schwarzwalds und der Alb gebrütet, lebt heute aber nur noch in Syrien. Alte Schwarzwälder Legenden berichten von ihm.

Die gesellig lebenden, rabengroßen, schwarzen Vögel haben lange, gebogene Ibisschnäbel. Ihre Köpfe sind kahl bis auf einen Schopf am Hinterkopf. Wenn sie balzen, sitzen sie wie unsere Doppelschnepfen in Reihen auf den Fersen und geben der Reihe nach – nie mehrere zugleich – seltsame Laute wie eine Sprache von sich. Sie brüten in tiefen Felsspalten, sie fischen im Bach, suchen das Land nach Kleingetier ab und fliegen wie Raben. So wurden sie für Angehörige aller vier Elemente gehalten, der Luft, des Wassers, der Erde und des Feuers, denn, so sagen die Legenden, wer weiß, wie tief die Spalten in den Felsen sind, vielleicht bis in das Fegefeuer reichend! Die Rappen beraten wie schwarzgekleidete Mönche mit Tonsuren, und keiner redet dem anderen drein. So galten diese Vögel als ›Wissende‹, beauftragt, Menschen zu warnen. Wer Böses vorhatte, so hieß es, dem flog der Waldrapp von hinten über das Haupt. Keiner soll dann gewagt haben, das Böse auszuführen, denn die schwarzen Vögel aus den Felsenspalten wußten vielleicht, auf wen der ›Gottseibeiuns‹ schon wartete. ›Seit den Waldrappen nicht mehr geglaubt wird‹, so sagte mir ein alter Bauer aus Bernau unter dem Rappenstockfelsen, ›sind sie vom Herbstzug nicht mehr zurückgekehrt.‹«

Schwäne. Wer einmal das Vorüberziehen einer Kette von Singschwänen erlebt hat, das melodische Fagottkonzert der Stimmen in der singenden Begleitmusik der Flügelschläge,

Die Waldrappen

Eine Waldfee entläßt einen Wiedehopf zum Herbstzug.

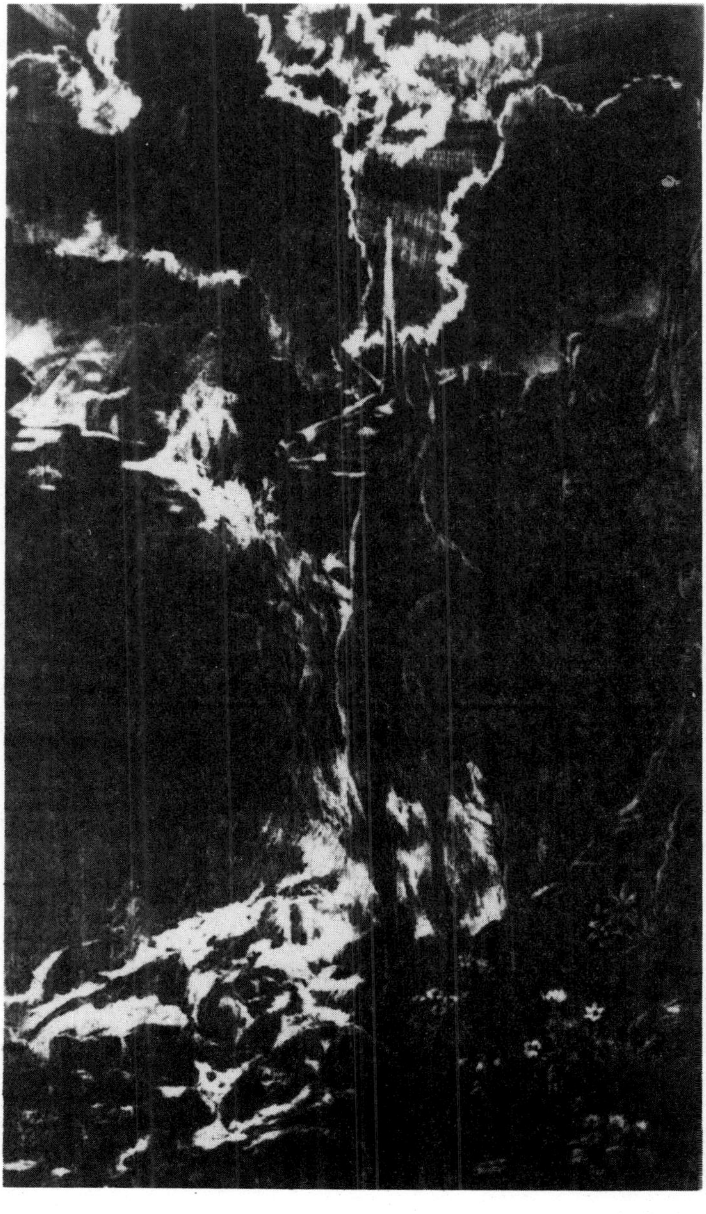

Das Einhorn

Das Pferd des Schimmelreiters

Durch das eisige Tor der Vernunft kommt nur, wer zuvor den Vielfraß besiegt!

»Gewalt mangels Geist« (angreifender Wisent)

Hermes, der Gott der Ärzte und der Händler, kommt vom Olymp, begrüßt von den Heilkrautelfen (Mercurialis perennis, Daphne laureola).

der versteht, daß dem Schwan seit alters überirdische Aufgaben zugetraut worden sind. Es gibt einen Bericht aus dem Leben des heiligen Hugo von Lincoln (um 1200), dem ein wilder Singschwan nicht von der Stelle wich. War der Bischof auf Reisen, strich der Schwan zu seinem Teich. Er spürte aber die Rückkehr seines Herren Tage zuvor und verkündete sie mit Tänzen auf dem Wasser und melodischen Rufen. Aber als der Bischof nicht nur zu seinem Bischofssitz, sondern in das zeitlose Leben heimzukehren kam, meldete ihn der Schwan nicht. Der Heilige war schon nicht mehr in des Tieres Wahrnehmungsbereich.

Es ist nicht nur ein »alter Zopf«, daß in England alle Schwäne der Königin gehören.

Der Schwan war das Bild dafür, daß auserwählte Verstorbene im Erdenbereich und für die Menschen im Dienst der geistigen Innenwelt stehen und nach Helfern rufen, sie in der Außenwelt zu vertreten. So galt auch hier der Tod als Übergang in einen neuen Dienstbereich. Dieser stand noch mit irdischen Aufgaben in Verbindung – aber plangerecht, nicht infolge persönlichen Nichtloskommenkönnens. Solche nicht mehr leiblichen Nothelfer im Erdendienst waren die Templeisen, die Gralsritter. Als deren innerlich von ihnen geführte Ritterschaft des Außendienstes empfanden sich die Ritter der »Schwanenorden«. Ein solcher war Lohengrin, der sich vom »Schwan« dahin führen ließ, wo Not war.

Im Wald von Ingermanland hatte ich mit einem alten russischen Berufsjäger Blutsbrüderschaft geschlossen. Dessen Ahn stammte aus Hildesheim und war in den nordischen Kriegen mit dem berühmten Seeräuber Piening nach Island gekommen. Der Großvater war dann laut Sippentradition von den wilden Schwänen gelockt und geführt nach Ingermanland an den Ilmensee gezogen.

Bei einer gemeinsamen Erkundung von Waldgängerlagern verließen meinen Blutsbruder Aschik die Kräfte. »Sag es meinen Bienen,« flüsterte er, »daß ich die Erde verlassen habe!« Das brauchte ich ihm nicht zu versprechen, denn es war zwischen uns selbstverständlich, daß uralte Bräuche einzuhalten waren.

Als Aschik seine letzten Atemzüge tat, sangen auch über ihm die Schwäne. Da sagte er noch: »Gut, daß kein Arzt da ist, der die Türe zuhält, wenn ich hinaus will. Ich kann dir von außen besser helfen als in diesem alten Leib. Wenn du die Schwäne rufen hörst, denke an mich.«

Er hat Wort gehalten. Als es mir schwer fiel, meinem Leib und meinem Leibroß den Weg zu Aschiks Bienen am oberen Polist außerdienstlich zuzumuten, begegnete mir ein alter »Russe« mit denselben hellen Augen, wie ich sie an Aschik geliebt hatte. Die Schwäne riefen, ich dachte an Aschiks Versprechen und sprach den Mann an. Dieser konnte etwas Deutsch und gehörte zu einem der Wikingerstämme, die unter ihren alten Sippengesetzen noch im Lande lebten. Ich gewann seine Sippe für unsere Aufgabe, Heerbann und Volk mit Holz zu versorgen, ohne die Wälder zu schänden.

Die Ziege. Im Grimm'schen Märchen »Von Gottes und des Teufels Getier« erschafft der Teufel die Ziege. Wegen des großen Schadens, den »des Teufels Getier« durch seine Art zu weiden anrichtet, beauftragt Gott den Wolf, die Übervermehrung der Ziegen zu verhindern.

Der Hintergrund dieses Märchens ist die Tatsache, daß Ziegen zufolge menschlicher Unvernunft (die viele Leute dem Teufel zur Last legen) große Gebiete der Erde zur Wüste gemacht haben.

Der Teufel hat keine Schöpferkraft. Wenn wir aber anerkennen, daß die Tiere sich aus physisch gewordenen Einzeleigenschaften der Gesamtidee »Mensch« entwickelt haben, dann ist das Ziegenvolk aus den Teileigenschaften geworden, die wir »Kleingeister« nennen. Solche wollen »in der Herde«, nicht in Selbstverantwortlichkeit leben. Sie haben auch die Kletterfreudigkeit der Ziegen, und die Bergwacht ist oft verzweifelt über solche Bergurlauberherden. Denn sie haben kein Interesse am Umweltschutz. Sie tragen ihre Meinungsverschiedenheiten unverträglich wie Ziegenböcke aus, indem sie mit den Köpfen zusammenrennen. Sie sind deshalb dem »Teufel« besonders lieb. Er hat den Ziegen im Märchen seine Augen gegeben mit schmalen querliegenden Pupillen, die nichts Rundes erkennen können, ebenso seine Stimme, die fern der Tonharmonik ist. Kritik ohne Gegenvorschlag zum Besseren nennen wir deshalb »Meckern«.

Zu den Eigenschaften dieses Kleingeists gehört auch dessen unbezähmbare Neugier ohne Verständnis für das zu

Sehende. Er spukt in manchen Reisegesellschaften und ist der Schrecken aller Helfer bei Katastrophen.

Aber in unseren Wortschatz ist besonders die »Bockbeinigkeit« eingegangen. Damit ist der Eigensinn ohne Gefühl für die Notwendigkeiten menschlichen Zusammenlebens gemeint. Diese Ziegeneigenschaft hat Hans Sachs in »St. Peter und die Geiß« vortrefflich dargestellt als eine Schwierigkeit, mit der selbst St. Peter nicht fertig wird, und die Menschheitsgeschichte gibt ihm bisher recht. Das freut den angeblichen Diabolos, den Durcheinanderbringer, und er wird deshalb mit Bocksbeinen und -hörnern dargestellt.

Eigenartigerweise sind im Altgriechischen beide Worte für »Ziegenbock« zugleich Bezeichnungen für etwas schwer zu Bändigendes. Aix, der Bock, heißt zugleich »die Sturmflut« und Chimaros, das andere Wort für Ziegenbock, bedeutet auch »der Sturzbach«.

Aber dennoch ist selbst diese menschlich scheinbar unangebrachte Gabe dienstbar zu machen, ihre Aktivität zum Guten zu verwenden: In der Edda hat Thor, der Gott und das Vorbild des selbstverantwortlichen Menschen-Ich, zwei Ziegenböcke vor seinem sturmschnellen Wagen. Allerdings heißen sie »der Zähneknirscher« und »der Zähneknisterer«. Aber sie gehorchen und zeigen dann eine große Leistungsfähigkeit. »Antiauritär« darf also höchstens der sein, der seine eigenen »Böcke« beherrscht. Andernfalls herrscht sein »Diabolos« über dieses sein Getier.

Der Kuckuck. Dieser Vogel ist eine meist unbewußt halb scherzhafte, halb ärgerliche Anrede des Teufels, wenn dieser als Ausrede für eigene Fehler benutzt wird.

Im alten Griechenland galt der Kuckuck als Vogel der MOIRA, der Schicksalsgöttin. Er soll deshalb ZEUS begleitet haben, als dieser, der »Kuckuckskehr« trauend, dem Heimkehrflug des Kuckucks, nach Nordwesten, nach Hyperborea, dem alten Atlantis, ging, um sich mit HERA zu verbinden. Nach anderem Bericht hat ZEUS selbst Kuckucksgestalt angenommen, als er HERA suchte. Auch bei uns ist der Vogel, wie aus alten Sprüchen aus vorchristlicher Zeit zu hören, als ein mit den Nornen verbundener Bote geachtet worden, der den Menschen Zeichen gibt, die verstanden sein wollen. Die Zahl der ersten Kuckucksrufe des Frühlings galten als Hinweise auf die Jahre der Lebenserwartung oder des Liebesglücks. In einem ruthenischen Lied von den Elfen ist der Kuckucksflug Hilfe für Verirrte.

Die Rufe von Vögeln, deren Stimmen Menschenstimmen ähnlich sind, galten und gelten vielfach und vielerorts auch heute noch als Zeichen für die Fürsorge der Hohen, die die Menschenwege überwachen. Durch Rabenrufe geben sie Warnungen, durch Kuckucksrufe Zusicherungen.

In der Biologie ist der Kuckuck ein wichtiges Organ des Lebewesens »Wald« als Begrenzer der durch Haare geschützten Raupen. Des Kuckucks Nachwuchs wird, wie bekannt, durch andere Vögel aufgezogen, weil Jungvögel Haarraupen nicht vertragen. Der Kuckuck kann damit seiner Funktion gerecht werden.

Da es aber beim Kuckuck viel mehr Männchen als Weibchen gibt und die Paare nicht beisammen bleiben, gab dies zusammen mit dem »Brutparasitismus« Anlaß, den Vogel als den Ehebrecher unter den Vögeln zu verunglimpfen. Pfaffen, die alle vorchristlichen Zeichen von Gottheitsfürsorge und Götterbotenverehrung als »Teufelsbuhlschaft« verurteilten, verteufelten auch den Kuckuck. Da dieser vielerorts »Gauch« genannt wird, ist die Bezeichnung auf uneheliche Kinder übertragen worden, wie in dem Gedicht von Münchhausen »die tollen Vettern«:

> Auf der Bank gezeugte Söhne und im Stroh geborner Gauch,
> abgetrocknet mit der Mähne und entwöhnt am Stutenbauch.

Auch alte Heilpflanzen wurden entsprechend »umbenannt«. Der Elf des Sauerklees läßt die Blätter seiner Pflänzchen weit über der Erde schweben und sie nachts gefaltet schlafen, als ob er von der Erde weg wollte. Deshalb galt das Liegen oder Knien im Sauerklee beim Beten als eine Erleichterung für die Verbindung mit dem Hohen. Der Sauerklee wurde zu »Gauchklee oder Gauchbrot« umbenannt. Der wilde Rosmarin (Andromeda) galt als Pflanze der Elfen, der die Neugeborenen in die Erdenwelt einführt und die Alten auf den Rückweg in die Geistwelt bringt. Da diese Pflanze heute noch ein wichtiges Medikament ist, ist ihr der Name »Gauchheil« geblieben. Auch in dem Namen »Kuckucksnelke« klingt noch das alte Vertrauen zu dem grauen Vogel, denn sie heißt »Lychnis«, der Leuchter, »flos cuculi«, des Kuckucks Blume.

So entstand auch der Streit zwischen Kuckuck und Esel, »wer besser sänge«! Der Esel trägt jeden mit Sicherheit in seinen, wenn auch etwas engen Stall. Der Kuckuck aber lockt auf höhere Besinnungsebenen. Von diesen glauben manche, daß sie zum Reich des Bösen gehörten und nennen sie »Wolkenkuckucksheim«. Aber dahin geraten nur die, die zu viele Sonderwünsche und Privatinteressen haben und darüber Dienstpflichten vergessen.

Der Lügengeist selbst wird, wo ihn mit Namen zu nennen man sich scheut, der »Kuckuck« genannt, woher Ausdrücke kommen wie »Hol's der Kuckuck«! oder »Da soll doch der Kuckuck dreinfahren!«

In der Schwarzwälder Kuckucksuhr ist der Vogel aber ungekränkt geblieben. Da ruft er wie seit eh und je aus, was die Stunde geschlägen hat. Wer dabei im großen Vertrauen an Schicksalsstunden denkt und an das notwendige Wachsein dafür, für den ist dieser Kuckuck wieder ein Versprechen zuverlässiger Gottesfürsorge.

Im Nebel eines kalten Hornung-Abends auf einer Jagdhütte, in der sich nicht nur Jäger getroffen hatten und das Kaminfeuer vor uns mehr Rauch als Wärme erzeugte, gab einer der Anwesenden seiner Empörung Ausdruck darüber, daß unsere Sprache immer stärker amerikanisiert würde und namentlich darüber, daß dies bei der Gedankenlosigkeit von »Normalverbrauchern« so leicht möglich sei. In wissenschaftlichen Berichten Fremdworte zu gebrauchen, sei eine Art »Abkürzung«, um lange Definitionen zu vermeiden – schon wieder ein Fremdwort. – In aller Werbung nur amerikanische Bezeichnungen für wirksam zu halten, sei eigentlich eine Unverschämtheit. Aber es sei wirklich nur ein Sichanpassen an Menschen, deren Leitbilder von meist amerikanischen Gruselfilmen stammen, die dort überholt, für uns gerade gut genug seien. – So mußte ich auch über den Abergeist einen Vortrag halten, der hier dahintersteckt.

Der Fenriswolf. Der alles verschlingende Fenris ist ein Bild für den Mißbrauch der menschlichen Sprache. ODIN besaß noch das schöpferische Wort. Der Fenriswolf – ein Geschöpf des LOKI – LUZIFER, des Durcheinanderbringers –, stellt die von der Welt der Mysterien getrennte großmäulige Alltagssprache dar, die auch zu Streit und Lüge, zur Verhüllung und Leugnung des Geistigen verwendet wird.

Erst versuchen die Götter Asgards den Wolf bei sich zu erziehen. Aber bald müssen sie ihm, der immer gewaltiger wird, Fesseln anlegen. Was bindet den Mißbrauch der Sprache? In der Intuition »der Schall des Katzentritts«, das höhere Hörenkönnen. In der Imagination ist es der »Frauenbart«, das nicht Sichtbare sehen können. In der Inspiration »die Wurzeln der Berge«, nicht Spürbares spüren können. In der Wunschnatur sind es die »Sehnen des Bären«, nämlich das, was den »Lehrmeister« innerlich bindet. In der Empfindung ist es »die Stimme der Fische«, »die Stimme der Stille« und leiblich »der Speichel der Vögel«, nämlich der Schwalben, das Nest ohne fremde Materie. Das riesige Maul des Fenris wird unschädlich durch ein darin aufgerichtetes Schwert, die Notwendigkeit der Entscheidung vor allem Zuschnappen.

Aber der Fenris kommt wieder los! Sein Werk ist die Überbewertung alles Sinnlichen und die »babylonische Sprachverwirrung« in der Ausdrucksweise aller menschlichen Klugheit und Wissenschaft.

Gegen den Fenris kämpfen die Erdenmenschen guten Willens und die schon zum himmlischen Dienst berufenen, die Einherier, gemeinsam. Walhalla hat 540 Tore, aus denen je 800 der Einherier zu diesem Kampf ausziehen können. Das sind 432.000, also dreimal 144.000, die dreifache Zahl der Vollendeten als in der Offenbarung des Johannes.

Auch in unseren »Märchen« ist des Fenris Wesen dargestellt.

Was wird aus den sieben Tugenden, die, wie die Kabbala darstellt, den Menschen von den Planetargeistern verliehen werden? Da beschreibt das Märchen vom Wolf und den sieben Geißlein:

Die Gabe des Saturn war »Urweisheit und Paradieseserinnerung«. »Wenn der Wolf kommt«, fallen diese unter den Tisch. Das erste Geißlein kriecht unter den Tisch.

Die Gabe des Mars, »Emfänglichkeit für den Samen der Geistwelt« wird nur noch recht physisch verstanden, und das zweite Geißlein kriecht ins Bett.

Jupiter gab Erfindungsreichtum. Der aber wird eingemauert, und das dritte Geißlein birgt sich im Ofen.

Von der Venus kam fürsorgliche Liebe aus Willen zum Guten. Die gibt es dann nur noch als leibliche Versorgung. Das vierte der Geißlein läuft in die Küche.

Merkur übermittelte Friedfertigkeit. Die aber wird »eingeschränkt«, wenn der Wolf erscheint, und das fünfte Geißlein schlüpft in den Schrank.

Der Mond verlieh »Anmut«, die dann zu Kosmetik wird, und das sechste Geißlein deckt die Waschschüssel über sich.

Aber die Gabe der Sonne, DAS LEBEN, bleibt, das im Herzen pulst. Das siebente Geißlein ist da, wo »die Uhr tickt«. Es kann vom Wolf nicht erreicht werden.

Das »Rotkäppchen« aber verführt er, bunten Blumen nachzulaufen, statt der Urweisheit, der »Großmutter« des Märchens, mit den Gaben des Melchisedek Brot und Wein, neue Lebenskräfte, zu bringen. Deshalb kann der Wolf beide »verdunkeln«.

Aber der Jäger, der Suchende, der sich selbst möglichst Unspürbarmachende, empfindet alles Disharmonische. Er kann »den Wolf« schnarchen hören, ihn finden, erkennen und entmachten.

FENRIS heißt auch der aus dem Venn Reisende. Vennen sind die von der Herrenschicht wenig begehrten Moore, in denen die Ureinwohner hausten, und »reise« ist das Wort für Aufstehen bei den Seeleuten. So ist Fenris auch das Symbol oder das Banner der schwer einzugliedernden Masse der Nichtwissenden, Verführbaren, und bei jeder Wahl muß in Demokratien der »Fenris« gefüttert werden. Im alten Rom war das »panis et circenses«, Brot und Kampfspiel.

So ist der Fenris auch heute noch eine Macht. Aber sie kann mit weisheitsvoller Liebe zu einer Kraft des Guten werden, des Mitverantwortungswillens. Dann sind die Fesseln des Fenris von ihm selbst gewolltes Geschirr der Mitarbeit.

Denn auch heute kann der Fenriswolf »gefesselt« werden, was ja ein Wort mit zwei Bedeutungen ist, denn die Fesseln der Asen stehen uns heute in ganz anderer Form zur Verfügung.

»Der Schall des Katzentritts« ist heute der Nachweis unspürbar kosmischer Strahlungen. Die Berichte darüber sind wirklich »fesselnd« und wirksam gegenüber losem Geschwätz.

»Das nicht Sichtbare sehen können« ist russischen Wissenschaftlern gelungen durch die Aufnahmen Kirlians von Ätherstrahlungen.

»Nicht Spürbares spüren können« ermöglichen die Gyroskope des Russen Dr. Kozyrew, die telepathische Kräfte registrieren und messen. »Die Sehnen des Bären« sind heute in den Grundsätzen der sozialen Erziehung zur Mitverantwortung gegeben.

»Die Stimmen der Fische« sind äußerlich durch Abhörgeräte auf Tonbänder aufgenommen, innerlich wird der »Stimme der Stille« in vielen esoterischen Gruppen und Schulen Beachtung verschafft.

»Speichel der Vögel« ist heute von einer Unzahl erstaunlichster Erscheinungen in der materiellen Welt abgelöst, die in ihrem Ideenreichtum und in der Harmonik ihrer Beziehungen untereinander keinen Raum mehr für »Zufall« oder »Mechanik« lassen. sie sind eine so fesselnde Darstellung des »einen Lebens«, daß das Fenrisgeheul von drohendem Chaos und sein Gebelfer von gedankenlosen Abläufen davor verstummen muß. Dann werden die Massenmedien nicht nur, wie bisher, Berichte von den Erfolgen des Wolfes, sondern solche von sich immer mehr durchsetzenden Umbesinnungen bringen. Auch die Fenriseigenschaften von einerseits Ungeduld und andererseits nicht Entscheidenkönnen werden vergehen. Aber tot ist der Wolf erst dann, wenn der Geist des Widar, des sich mitverantwortlich Wissens für den Planeten und alle seine Wesen und des entsprechenden Dienenwollens den Großteil der Menschen erfaßt hat.

Werwölfe. Werwölfe sind Opfer oder Abkömmlinge des Fenriswolfes, in ihrem Bewußtsein für die soziale Mitverantwortlichkeit jedes Menschen so weit »verdunkelt«, daß sie auf die Raubtierstufe zurückgesunken sind. So wird aus dem Mittelalter berichtet, daß solche Unmenschen ein Raubtier (ein Wolf) zu sein begehrten und sich mit Kräugergiften in den Wahn versetzten, wirklich ein solcher zu sein. Ein »Werwolf« war danach zwar auch »wer«, jemand, ein Mensch, der aber wie ein Wolf lebte und auf Kinderraub ausging.

Der Prediger Johann Geiler von Kaysersberg hat in seinen berühmt gewordenen Predigten im Straßburger Münster um 1500 gesagt, daß: »die Werwölff vom Teufel veranlaßt

Kinderraub trieben.« Von einem Mann, der im Verdacht stand, als Werwolf umzugehen, wurde berichtet, daß er schließlich halb tot im Wald gefunden worden sei, von einer entmenschlichenden Droge überwältigt.

Heute heißen die Werwölfe »Kidnapper« oder »Luftpiraten«. Sie rauben für ihre Erpressungen Geiseln. Auch bei ihnen spielen oft Drogen eine Rolle, oder sie sind aus politischen Gründen Desperados. Es ist schwer, sie zu beurteilen, falsch, sie alle in gleicher Weise zu verdammen, wiewohl es unumgänglich ist, sie daran zu hindern, sich mit der Schuld zu beladen, ihr Menschentum verraten zu haben.

Die Chimaira. Chimaira heißt zu deutsch »die Ziege«. Sie ist bei Hesiod als »eine Tochter der Echidna, eine feuerspeiende Mischgestalt aus einem Löwen, einer Ziege und einer Schlange« beschrieben.

Ohne Zusammenhang gedeutet, wäre das die Spottfigur eines Angebers mit Löwenfassade, hinter der nur ein Bock steckt, mit dem Giftende der üblen Nachrede.

Die Chimaira kann eine »Erfindung« der Meermaid Echidna gewesen sein. Sie war nämlich wahrscheinlich eine kultische Tanzmaske, getragen von einem Priester der von Norden in den Mittelmeerraum eingedrungenen »Meerleute« und einer seiner Maiden.

Der Priester hieß Chimaros, der Gießbach. Er trug die Löwenmaske. Die Maid trug das »goldene Vlies« einer Archarziege. Dieses muß ein Beutestück von den »Sakar«, den »Hirschen« aus dem Arierstammland (der Gegend um Chodschend, dem Araechaeta Alexanders) gewesen sein. In der Hand trug die Maid eine ungiftige Balkannatter, wie sie in Kleinasien heimisch sind.

Die Tanzfigur stellt eine Binderune dar aus den Runen »Lav« – dargestellt durch die Löwenmaske, und mit der Bedeutung: »Nach dem Gesetz der Hohen«, der Rune »Ar«, gekennzeichnet durch die Archarziege, mit der Bedeutung »Wonne« und der von der Schlange gewundenen Siegrune. Die Figur bedeutet als Ganzes: »Lav-ar-sig«, nach dem Gesetz der Hohen singt die Sonne.*

Diese Maske war auch eine Trutzmaske gegen die von Süden in die neue lykische Heimat der Meerleute am Xanthos eindringenden magischen Kulte aus Jatnan (Cypern).

Wer sie nicht enträtseln konnte, weil er nicht zu den Nordleuten gehörte, hielt sie für ein schreckliches Aberwesen, und die Magier von Jatnan sorgten für entsprechende Legenden.

Bellerophontes, der Pegasusreiter, heißt mit seinem Mysteriennamen »der Unsinntöter«. Er tötete aber die Chimaira nicht, sondern enträtselte sie und zerstörte damit die abergläubische Angst vor ihr.

Wir sollten alle »Bellerophontes« sein und die Geister erkennbar machen, ohne sie zu verachten oder ihnen mit dem Gedanken »Nicht existent« rechte Beziehungen zu verweigern.

Aber es sind rabiate Gesellen darunter, so daß wir sie auch energisch dazu bringen müssen, solche Beziehungen auch ihrerseits in den Bereichen des Guten zu halten.

Waidwerk. Das Verhältnis des Menschen zum Wild war ursprünglich Wettbewerb biologischer Begabung. Das von Pflanzen lebende Wild war wie für das Raubwild auch für Menschen notwendige Beute zum Lebensunterhalt. Der natürliche Ausgleich von Vermehrung und Erbeutung war lange Zeit ausgewogen.

Einer, der dies durchbrach, war der schlimmste »Abergeist« der Jagd, der Babylonier Nimrod. Der Name bedeutet »der Abtrünnige«. Er ließ aus weiten Gebieten alles Wild zusammentreiben, um dann mit seiner vertierten Gefolgschaft ein Blutbad darunter anzurichten, und dann ein Schlingfest von Wildbret. Einen Jäger »Nimrod« zu nennen, ist entweder Unkenntnis über diesen, ein harter Vorwurf oder eine böse Kränkung.

Jagdberichte der griechischen Sagenwelt als Kämpfe mit unnatürlich auftretendem Wild sind Bilder geistiger Vorgänge. Vom »Erymanthischen Eber« wurde schon berichtet. Die Sage vom »Kalydonischen Eber« ist ebenso Bildersprache.

Wenn ein König von Kalydon »Oineus« heißt, der Weintrinker, und dadurch in seinem Verhältnis zur Götterwelt Artemis vergißt, entsteht überall »Wildschweinschaden« in seinem Land. Artemis ist nicht Göttin der Jagd, sondern Herrin der Beherrschung des Tierischen im Menschen. Die Heldinnen und Helden dieser Sage sind Atalanthe und Meleagros. Die Jägerin war – als außerehelich geborene Königstochter im Wald ausgesetzt und von einer wilden Bärin aufgezogen – zwar von besonderer Schönheit und Leistungsfähigkeit, aber ihr Name besatt: »die kindlich Denkende, das Dummerle«. Ihr Freund Meleagros heißt »der liebe, gute Jäger«. Er war also auch nur »Held«.

Zur gewaltsamen Beendigung des moralischen Niedergangs im Land, dargestellt durch abnormen Wildschweinschaden, wurden alle Sagenheroen jener Zeit zusammengeholt. Es wurde erst sieben Tage lang getrunken und sich nach Beendigung einer langen, unwaidmännischen Hetze auf ein fast unsichtbares »Wild« dann ebenso unbeherrscht um die Trophäe gestritten. Artemis dafür die Schuld zu geben, ist modernes Geschwätz. Schuld ist das Nichtbeherrschen des Tierischen in den Menschen! Daß die Römer Artemis zur Jagdgöttin Diana gemacht haben, ist ebensolche Götterlästerung wie die Verfälschung der Aphrodite zur Venus.

Später wurde »Jagd« auch Übung für kriegerisches Können, so besonders die Jagd zu Pferde auf Wildesel. Diese galten wie heute noch in Nordafrika als das intelligenteste Gebirgswild. Der Esel ist erst durch Mißbrauch als Arbeitstier faul und störrisch geworden (Lima in Peru hieß: das Paradies der Menschen und die Hölle der Esel). Von Eseljagden zu Pferde in den Bergen des Balkan berichten Begleiter Alexanders des Großen. Sie waren Schulung für kriegerische Reiterkämpfe. Noch in der Zeit der Nibelungen war Waidwerk Bewährung in Leistungsfähigkeit. So berichtet das Nibelungenlied von Siegfrieds letzter Jagd: »Er schlug einen Wisent und einen Elch, starker Ure viere und einen grimmen Schelch (Schelo, der Beschäler, einen Wildhengst).«

Die nur sportlichen Parforcejagden zu Pferde waren gesellschaftliche Gebräuche der Herrschaften mit viel Kultur und wenig Waidwerk. Solche Jagdarten hatten wenig mit Wildbretbeschaffung und gar nichts mit der biologischen Harmonie von Wild, Herden und Landschaften zu tun. Es ist daraus die Einteilung des Wildes in Hoch- und Niederwild entstanden, wobei Hochwild den Herren vorbehalten war und Niederwild Volksnahrung.

Heute ist Jagd etwas ganz anderes. Jagd ist aktive Verantwortung für wildlebende Tiere, die zur Heimat gehören. Durch das zahlenmäßig und bezüglich der Lebensansprüche sehr gewachsene Menschenvolk ist das biologische Gleichgewicht der Tierwelt in der Landschaft überall unnatürlich geworden. Deshalb muß der Waidmann die biologischen Aufgaben des großenteils ausgerotteten Raubwildes wahrnehmen. Daß da »amtlich« »Gas gegen Füchse« eingesetzt worden ist, ist Abergeist! Ich habe nicht »befahrene« Teile von bewohnten Fuchsbauten bezüglich der darin überwinternden Kleintiere untersucht und ein Dutzend Arten »geschützter« Reptilien usw. gefunden, die jetzt mitvergast werden. Das ist ein mancherorts vielleicht berechtigtes Mißtrauen bezüglich des Fleißes der Jäger im Kurzhalten der Fuchsbestände.

Jagd bezieht sich allerdings nicht nur auf den »Bestand«, die Zahl des Wildes in jedem Landschaftstyp, sondern auch auf die Entwicklung der Arten. Das große Raubwild jagte einst richtig auf das Schwache, Kranke, Unterentwickelte in den Wildbeständen, weil es leichtere Beute war. Das ist naturgerecht! So muß auch der Jäger, der das Raubwild ersetzt, »naturgerecht« jagen. Die innenarchitektonische Freude an starken Trophäen ist erst dann groß und gerechtfertigt, wenn diese Ergebnisse eigener biologisch sorgfältiger Jagdweise sind! Das kostet Zeit, aber »Zeit« ist eine vierte Dimension des Raumes und hat mit Lebensentwicklungen nichts zu tun.

Als unsere Jagdgebräuche mit Waldhörnern, feierlichem Streckelegen und »Jagdkönigen« entstanden, hing das auch mit den viel größeren Schwierigkeiten und Anstrengungen der Jagd bezüglich der Waffen und Wälder zusammen. Heute sollen sie den Ernst der Jagd zum Ausdruck bringen, den Sieg eines echten Waidmannsgeistes über den Abergeist von Beutegier und Prahlerei.

Die strengste Auffassung von diesem Geist wird in den Gralslegenden der Stauferzeit berichtet. Da werden die Waidmannstugenden den zwölf Rittertugenden gleichgesetzt.

Es wird in den Gralslegenden von einem seltsamen Brakkenseil berichtet. Das ist wahrscheinlich ein Bild für das höhere Selbst eines Königs oder Ritters, der seine Leiblichkeit »an der Leine hat«, wie der Waidmann seinen Hund. Die Bracke, der Vorstehhund, heißt dort »Garde vias« (achte auf die Fährten). In die Leine, die Herr und Hund verbindet, durften so viele Edelsteine eingeflochten sein, als den Rittertugenden entsprach, die der Waidmann sein eigen nannte. Die Vollendung, dargestellt durch die 12 Edelsteine an den Toren der heiligen Stadt der Apokalypse, hatte ein König Oriolus, »der Pirol«, erreicht.

Das Brackenseil: Ein weißer, blau schillernder edler Jaspis bedeutet »reine Zucht«, nicht des Hundes, sondern der Selbsterziehung und Selbstbeherrschung des Jägers. Das aber ist eine Grundeigenschaft des gerechten Waidmanns.

Es folgt ein blauer Saphir, der »Stein der Keuschheit«. Er bedeutet die Beherrschung aller Triebe, aller Lüste und Eigennutzwünsche. Damit ist Waidwerk biologische Notwendigkeit mit beinahe ärztlicher Verantwortung.

Ein wolkenfarbiger Chalzedon ist der »Stein der Milde«. Das bedeutet Offensein des Jägerherzens für alle Nöte des Wildes, überhaupt der Natur, für die er sich als milder, hilfreicher Herr empfindet und einsetzt.

Ein grüner Smaragd ist dann der »Stein der Treue«. Er bedeutet das Überwundenhaben von allen Schwankungen im Denken, Fühlen und Wollen. Das ist das, was Tier- und Pflanzenreich so lieben: Menschen, die launenfrei und zuverlässig sind.

Ein Sardonyx bezeichnet danach das Maßhaltenkönnen. Das aber heißt, jede Begegnung in ihrer Bedeutung richtig zu ermessen: »Wissen, wie der Waidmann wirklich wirkt.«

Ein blutroter Sarder, ein Karneol, ist der »Stein der Sorge«, hier Fürsorge und Bewußtsein der Mitverantwortlichkeit.

Ein seltsames Symbol war der grüne Chrysolith, der »Stein der Scham«. Gemeint ist, auf alles verzichten zu können, was nicht wirklich rechtmäßig verdient ist. Damit ist z.B. Jägerlatein nicht Angeberei, sondern Scherz.

Der farblose, edle Beryll (von dem die Brille den Namen hat), bezeichnet Bescheidenheit. Damit ist nicht gemeint, mit unentschiedenen Kompromissen zufrieden zu sein. Bescheidenheit ist hier Vermeiden jeden nicht ganz echten Scheins sowohl im »Anblick« – richtiges Ansprechen in der Waidmannssprache –, wie im eigenen Wirken auf andere. Wenn der »Stein der Treue« zuverlässig der Gleiche zu bleiben bedeutet, so ist der nächste Stein, der goldglänzende Topas, der »Stein der Stete«, nämlich im Weiterlernen und in der Leistungssteigerung in stiller Selbsterziehung. Er bedeutet auch Zuverlässigkeit, wie sie nicht nur Menschen, sondern auch Tiere bei Menschen lieben. Dieses stete Bewußtseinswachstum führt dann dazu, daß der

»Stein der Demut« getragen werden darf, ein grüner Chrysopras. Das bedeutet, daß das rechte Verhältnis zum Geber alles Guten gefunden ist und die Dienstleistung für ihn in Dankbarkeit. Dann entsteht das große Vertrauen, das der Hintergrund aller Geduld ist. Diese Tugend bezeichnet ein dunkelroter Hyacinth. Der 12. Stein, ein violetter Amethyst, heißt »Stein der Minne«, der weisheitsvollen Liebe zu dem ganzen »einen Leben«. Damit verwandelt sich alle oft schwere Verpflichtung in die Freude, dem einen Leben dienen zu dürfen und dienen zu können!

Das alles ist vollendete Ritterschaft und eigentlich auch vollendeter Waidmannsgeist.

Der Schweinehund. Dieser Ausdruck ist eigentlich kein Schimpfwort, auch der »innere Schweinehund« ist es nicht. Zunächst ist er im Waidwerk ein besonders für die Pürsche auf Schwarzwild gezogener und »abgeführter« Hund. Wie schon berichtet, heißt er bei Wolfram von Eschenbach »Garde vias«, Hüter der Fährten. Er tut bei jeder Witterung von Schwarzwild seinen »Widersprung«, d.h. er strafft die Leine, um seinen Herrn aufmerksam zu machen.

Das wilde Schwein ist aber auch ein Bild von uriger, mit allen Suhlen gesalbter und unbeherrschter Wunschnatur. Kirke, die Schein in Wirklichkeit verwandeln konnte, hat deshalb die Berserker des Odysseus zu dem auch äußerlich werden lassen, was sie innerlich eigentlich waren: Wildschweine.

Deshalb ist es gut, einen »inneren Schweinehund« als Wächter zu haben, der, als »Garde vias« gehalten, schon von weitem von tierischen Regungen »Wind bekommt« und die Leine strafft. Der Mensch am anderen Ende kann dann nie blindlings in eine Schweinerotte und deren Witterung geraten. Allerdings sollten auch in diese innere Wächterleine Edelsteine erworbener Tugend geknüpft werden können! Dann verhält sich der Herr des »inneren Schweine- oder Sauhundes« sicher richtig gegenüber allzu nahem Schwarzwild.

Der vermeintliche Heilige, der »Schweinchen und Schweinehund« in sich abgetötet zu haben glaubt, vergißt dabei oft den stärksten Keiler. Der protzt dann mit seinem prächtigen »Gewaff« und verlangt Bewunderung, Devotion und hohen Himmelslohn.

Ist der »Schweinehund« nicht mehr da, dringen immer wieder – und jetzt unmerklich – Gelüste ins Bewußtsein, denn die Menschenherde ist voller Gedankenmüll.

Deshalb sollten wir unserem inneren Schweinehund ein aufmerksamer und ihn anerkennender Herr sein, sorgsam an der Leine geführt, als unser »Garde vias«.

Aber als Schimpfwort ist der »Sauhund« Selbstbeschimpfung, denn nur der schimpft auf ihn, der selbst in dessen Jagdgebiet gehört und einmal einer Kirke begegnen sollte, die ihm das eindeutig klar macht!

Hipposophie

Es saß allerlei Reiterjugend beisammen, und nachdem der Reitlehrer seinen Vortrag über die Verständigungstechnik mit dem Pferd unter dem Sattel beendet hatte, fanden sich auch alte und ganz alte Reiter ein. Da sollte ich als der Älteste »weitermachen«.

»Die Geschichte des Zusammenlebens von Mensch und Pferd ist seltsam genug«, sagte ich. »Der Sinn dieser Zweisamkeit geht weit über Reitkunst hinaus. Der Mißbrauch von Pferden in Raubzügen und Kriegen von Dschingiskhan bis Hitler ist bekannt. Langsam dämmert aber der Sinn der Bruderschaft zwischen Mensch und Pferd wieder herauf. Der Motor hat die Verführung zum Pferdemißbrauch beendet. Das Pferd ist mit seinen feinen Sinnen, die auch innere Ungereimtheiten des Menschen bemerken, als Helfer für sie gedacht, einen ruhigen Gleichmut zu lernen. Im Gefangenenlager habe ich darüber nachgedacht und manchen Gedanken in Verse gefaßt, so die Legende vom ersten Pferd.

USCHTSCHA-IS-RAWAS

Gott Indra, als er den Menschen erlas,
als erster Gestalt zu bekommen,
Er schon dessen Unbändigkeit ermaß
und schuf das Pferd Uschtscha-is-rawas
zu des Menschen Freundschaft und Frommen.

Es haben die Kinder des Israwas
viele Menschen dienend belehrt
mit Mut und Blut und kargem Gras.
Von Wahnwitz mancher Mann genas
aus Rücksicht auf sein Pferd.

Der Uschtscha-is-rawas jedoch,
der ist auch Geist zugleich.
Als Traumpferd noch bricht er das Joch
der Erdenhaft, darunter kroch
so mancher blaß und bleich.

In nächt'gen Sinnesstunden beut–der Israwas sich an,
und der, den Geisterritt erfreut,
der, in sich fest, Gefahr nicht scheut,
ihn kühn besteigen kann!

Der Regenbogen aufwärts jagt
des Pferdes Urgewalt,
bis wo der Thron des Schöpfers ragt,
und wo der Cherubim dich fragt,
ob du ein Gott in Menschgestalt?

Ob du den Pferden bist der Gott,
den du dir selbst erbittest,
mit ihnen teilst dein letztes Brot,
sie nicht verlässest in der Not
und sie voll Liebe rittest?

Kannst ›ja!‹ du sagen, schallt der Ruf
des Pferds durch alle Himmel,
und sicher steht danach sein Huf,
– was dir vielleicht doch Sorge schuf –
wieder im Erdengewimmel.

Aber dann bist du für immer gefeit
von jeder Unart der Pferde,
denn jedes spürt: du bist geweiht,
und es vertraut dir allezeit,
dem glücklichsten Reiter der Erde.

Über den Pegasos, das berühmte Pferd der Griechensagen, bleibt dann nur noch zu betonen, daß sein Name ›Der Quellen zum Entspringen bringt‹ bedeutet. Er ist darum das beschwingte Roß von Dichtern, deren Poesien frische Geistquellen erschließen.

Wir aber wollen beim Reiten eins werden mit unseren Pferden und sie nicht nur mit der Figur, sondern auch mit Gedanken reiten.

Oh du Tier unter mir, das da schnellt über's Land,
mit gebändigter Kraft mir die Räume errafft,
mit dem Wind mich verbind't an der haltenden Hand,
so beschwingt mich verbringt aus des Alltages Haft,
oft erprobt, sei gelobt, alles Schwere verbannt.

Oh wie schlank und wie schier und wie fest unter mir,
bald gestrafft, bald gestreckt ist dein Rücken gereckt!
Warmer Glanz wie im Tanz in der Sonne Geflirr
auf dem Fell, mein Gesell, dich mit Golde bedeckt
als den freudigsten Freund in der Menschen Gewirr.

Wir sind Eins in des Scheins verwunschener Welt!
Wie der Maat auf dem Meer fahr' auf dir ich dahin,
ob der Himmel sich höht, oder Finsternis fällt:
du freude von Heute wirst Wert und Gewinn,
befreist mir den Geist, daß er Geist sich gesellt.

Unbewußt, wie du mußt, übst an mir du die Macht
deiner guten Magie, die Gott dir verlieh.
Voller Dank ohne Zwang laß' ich dir alle Pracht
deiner Art, die mir zart deine Hipposophie
als Tier-welt-weisheit bei-ge-bracht.«

Die apokalyptischen Reiter

Und die apokalyptischen Reiter?« fragte einer der Sattelgerechten. »Auf dem Dürerbild sind sie Mißbrauch von Pferden!«

»Alles, was mit Geist verknüpft ist«, antwortete ich, »muß unsterblich sein. So gibt es auch unsterbliche Pferde, von christlichen Mysterien verzeichnet, die uns sogar heute noch zur Verfügung stehen. Nur muß man sie richtig deuten! In der Offenbarung Johannis sind die Wege der Menschheit von Reitern geführt, und es scheint ihr, mindestens periodenweise, freizustehen, welchem von ihnen sie folgen will. Ihr eigentlicher Führer ist der Schimmelreiter, dessen Bogen und Pfeile Bilder für gerade Gedanken aus rechter Spannung sind. Der zweite Reiter, der des Feuerpferdes, ist derjenige, der Umkehr von Um- und Irrwegen ermöglicht. Seine Waffe heißt ›Machaira‹, das Schwert der kultischen Opfer und Tänze. Er ist, wie die Offenbarung voraussagt, bisher immer falsch verstanden worden. Deshalb wurde unter seiner Führung ›der Friede geopfert‹. Die Menschengemeinschaften wurden in Eiferer für Dogmen, Kirchenmacht und Herrenrechte zerrissen.

Danach wurde, wie Johannes aus seinen Visionen berichtet, von einem Geistwesen mit Menschenantlitz ein ›Rappenreiter‹ ausgeschickt. Aber dieser führte in die Überbewertung des menschlichen Erdenverstands. Die ›Waage‹, die er führt, bedeutet im griechischen Text auch ›das Joch‹, nämlich erst das des Untertanenverstandes, dann des Genusses, der Wollust und der Unersättlichkeit.

Den vierten Reiter, dem wir dreißig Jahre folgten, hat der ›Adler‹ des Größenwahns geschickt. Er führte ›Rompheia‹, das Mordschwert der ›Streitaxtleute‹, die Waffe der Gewalt mangels Geist. Der vierte Teil der Menschheit, der Geistteil, ging verloren. Die Herrschenden, die diesem lichtlosen Pferde folgten, waren wirklich, wie vorausgesagt, in dem Wahn befangen, daß ›Tod‹ eine Endlösung und der Hades das beste Anhaltelager sei.

Der die Apokalypse schrieb, hat aber nicht deutlich gemacht, daß diese Vorreiter auf menschlichen Probepfaden auch für den Rückweg in die Plangerechtigkeit zur Verfügung stehen.

Die Amerikaner waren uns in ihrem ›Krieg der verbrannten Erde‹ gegen die Südstaaten und mit ihrer ›Endlösung der Indianerfrage‹ darin voraus. Sie veranlaßten uns, den Vorreiter zu wechseln. Wir folgen jetzt dem Rappenreiter, dem, dessen Umweg dem eigentlich gewollten Weg der Menschheit etwas näher ist. Sein Zeichen ist ›zygos‹. Aber dieses griechische Wort hat, wie gesagt, zwei Bedeutungen. Es heißt ›die Waage‹, und wir handhaben es in vielen Kompromissen und einer irdischen Justiz, die mit denen nicht fertig ist, die noch hinter dem Falbenreiter herrennen. Die andere Bedeutung von ›zygos‹ ist ›das Joch‹. Viele von uns sind in dieses Joch der amerikanischen Wirtschaftsweise und der Gier nach Wohlleben gespannt, während die Amerikaner in Vietnam wieder bei dem Falbenreiter waren mit einer Rompheia, die heute Superbomber heißt.

Wir haben bei dem Rappenreiter wieder einiges in Ordnung gebracht, was wir hinter dem lichtlosen Pferd zerstört hatten. Jetzt ist es aber an der Zeit, sich mit dem Vorreiter auf dem Feuerpferd zu befreunden und opfern zu lernen. Das heißt aber nicht, ›Liebgewordenes hingeben, um die Gottheit zu bestechen‹, sondern kommt von ›offerre‹, sich zur Verfügung stellen.

Gerade jetzt haben ja, wie Sie wissen, besonders östliche Forscher aus bisherigen Glaubensfragen wissenschaftliche Tatsachen werden lassen. Die Ätherwelt ist von russischen Physikern als kybernetische kosmische Kraft nachgewiesen, und ebenso sind Gedankenenergien jetzt meßbar. Wir *wissen* jetzt von einer plangerechten kosmischen Steuerung und werden wahrscheinlich sehr bald beurteilen können, welche unserer Eigenwilligkeiten ihr entsprechen und welche disharmonisch wirkend Störungen hervorrufen. Dieses sich mitverantwortlich wissen und sich weltdienstbereit zur Verfügung stellen heißt, dem Reiter auf dem Feuerpferd zu folgen, bis der Schimmelreiter in Sicht kommt und wir dessen Bogen richtig motivierter Entscheidungen führen können.«

Auch in der altgriechischen Heraklessage ist ein Einweihungsweg durch richtiges Reiten von sieben unsterblichen Schimmelstuten angedeutet, von denen jede eine andere Bewußtheit des Reiters erfordert. Herakles sollte diese Stuten, weil sie mißbraucht würden, in das Heiligtum von Mykene bringen.

Die sieben Stuten des Diomedes

DIOMEDES, der durch Zeus herrschende König von Tracien, hatte von seinem Vater ARES sieben unsterbliche Stuten als Götterverbundenheitshilfe erhalten. ARES bedeutet sowohl ›der Beter‹ als ›der Beistand‹ und ›der mutige Entscheider‹. Er hat mit Aphrodite, der Göttin der menschlichen Beziehungen auf den Ebenen von Geist und Empfindung, einerseits eine Tochter, Harmonia, den Einklang, gezeugt, andererseits aber auch die Söhne Phobos, die Furcht, und Daimos, den Schrecken. So sind auch seine Stuten beides: im Dienst der Götter geritten, höchste Harmonie, mißbraucht aber Furcht und Schrecken erregend. Sie waren ›unsterblich‹, d. h. nicht physisch, sondern ätherische Bilder für ›Geistesritte‹. Mißbraucht aus Großmannssucht und Götterfeindschaft werfen sie ihre Vergewaltiger in Tiefen, aus denen die Frevler so bald nicht wieder auftauchen. So kamen sie in den Verruf, sie ›gefressen‹ zu haben. Diomedes entledigte sich so seiner Feinde, bis ihn Herakles in Götterauftrag erschlug.

In den Heramysterien kam der Sinn der sieben Stuten wieder zu Tage, als des ›Entscheiders‹ Beauftragte in Stutengestalt. Überliefert sind nur die Namen der Stuten, deren physische Darsteller später im Panathenaenzug gingen. Aber aus dem Namen gehen ihre Aufgaben hervor, die, unsterblich wie die Stuten, auch heute noch verlockende Weisen sind, höhere Bewußtseinsebenen zu erreichen. Das fröhliche Reitenkönnen solcher Stuten gehört zur Psychologie des Miterlebens bis zur Mitverantwortlichkeit.

Die Leitstute der Herde war besonders schwierig und widerspenstig. Sie hieß Telchinoe, die Be- wie Verzaubernde. Herakles, konzentriert auf sein Ziel, die Heramysterien, konnte sie als Leitstute dorthin führen. Die anderen Stuten folgten, für Laien unsichtbar. Das Beherrschen dieser ersten Stute war die Voraussetzung für Ritte auf den Stuten. Wer sein Denken und Fühlen beherrscht, dem gehorcht sie, und der kann von ihrem Rücken Zusammenhänge erkennen, die bezaubernd sind. Unbeherrscht gerät er in Titanenbereiche. Sie zeichnet bei jeder Illusion oder Wahnvorstellung des Reiters durch helles Freudenwiehern und versucht sofort, in Nebelmeere durchzugehen. Sie ist ohne allen Ortssinn, mit dem Pferde doch sonst besonders begabt sind, und der Reiter muß ihr die Wege zeigen und ihr seine Sorgen in die Ohren flüstern. So bleibt sie in den Grenzen von dessen Verantwortlichkeiten. Aber sie bricht blitzschnell aus, sobald er an sich selbst statt an seinen Dienst denkt. Sie ist auch heute jederzeit zu haben, um aus dem Gewirr von Einzelheiten zu Überschau zu kommen. Aber sind wir dazu da, nur immer Wissen anzuhäufen, oder vielmehr, um anderen weiterzuhelfen?!

Wenn wir an das denken, was wir eigentlich alles tun müßten, um unsere Erkenntnisse zu realisieren, dann bietet sich die zweite Stute des Ares an, ALKIPPE, die Kühne. Von ihr wird gesagt, daß sie den Reiter zwingt, das zu tun, was er denkt und zur Tat werden zu lassen, was er weiß. Sie trägt ihn überall dahin, wo Not und Verzweiflung, Leid und Verlassenheit sind. Er stößt sich den Kopf an niedrigen Türen und die Knie an engen Passagen. Einmal irgendwo hingelangt, ist die störrische Stute da am wenigsten weiterzubringen, wo Hilfe am nötigsten ist. Der Reiter lernt da eine harte und schwer zu ertragende Zuneigung zu der grauen Göttin ›Leid‹, die wie keine andere Menschen umzuwandeln vermag in großherzige Helfer.

Mit ihrem Reiter wandelt sich auch die Stute. Ihre Bewegungen werden weich, behutsam und traumleicht zu lenken, wenn der Reiter nur ihrer Idee treu bleibt, daß jeder an der Himmelstür nach seinem Bruder gefragt wird.

Aber sie muß, wenn ihre Zeit um ist, wieder ausgetauscht werden, denn des Reiters sonst fröhliche Art leidet durch die Ritte auf der Grauen, die Grauen überwinden lehrt.

In sehr früher Morgenstunde läuft dann dem träumenden Reiter vielleicht ein kräftiges schwarzes Fohlen zu. Das scheint von stürmischem Temperament zu sein. Ein Pferdekenner ist erst überzeugt, daß es sich beim Gerittenwerden sicher zu Grund richten würde. Aber das dunkle Fohlen bietet sich bettelnd geradezu an. Es ist das Rappstutchen MELANIPPE, das auch HIEMENESSA heißt, die sich rücksichtslos Mühende. Von ihr berichtet die Sage, daß sie nicht nur sich, sondern auch dem Reiter Tag und Nacht keine Ruhe läßt und immer neue Reiterproben fordert. Kein anderes Pferd überbietet sie an Leistungswillen. Aber viele sollen schon von ihrem Rücken in hoffnungslose Tiefen gestürzt sein.

Von jedem Bergesgipfel scheint die junge Stute magisch angezogen zu werden. Wie Steinwild prellt sie Felsmassive über schmale Stufen hinauf. Wie ein Bild aus schwarzem Basalt verharrt sie dann lang auf den Gipfeln, wartet geduldig, bis Wolken sinken und der Reiter die Weite des Ausblicks ermessen kann. Brüchiges Gestein schlagen die schnellen kleinen Hufe tanzend und scharrend hinunter, und der Reiter braucht all seine Kunst, um sich nicht zur Unzeit von ihr zu trennen. Aber wir können auch lernen, selbst diese allzu Wilde zu zügeln und die von ihr ersehnten Höhen von unten zuvor zu taxieren. Wir sollten sie nur die unverwitterten und sonnenüberstrahlten Gipfel nehmen lassen, die sie dann in steilen und gewagten Sprüngen gewinnt.

Aber das Erreiten und Kennenlernenwollen von allzu vielen Gipfeln menschlicher Erfahrungsberge auf noch reichlich ungeklärten Wegen und über brüchige Stufen unsicherer Untergründe ist doch nicht allzu wertvoll. Wir sollten schon steile Pfade eröffnen, aber solche, die dann auch andere gehen können. Dazu verwandelt sich auch die junge Hiemenessa. Statt rasender Jagden über Steilgewänd tanzt sie dann wunderleicht sorgfältig gewählte Pfade empor. Die schwarzen Haare der Melanippe fallen aus dem Seidenfell. Je mehr der Reiter erkennen lernt, was bei den Geistern der Höhen zu gewinnen ist, umso heller wird die Stute, umso bedachtsamer ihr Gang, ohne an Schwung zu verlieren. Durch harte Erprobungen von allerlei seltsamen Geistgestalten kann der Reiter dann auch in dem gedanklichen Chaos des sogenannten Friedens das große Vertrauen finden. Wie ein Stern untergeht, so verschwindet schließlich die zu einem Silberschimmel gewordene Hiemenessa.

Bald bietet sich eine Vierte der sagenumwobenen Stuten an. Sie wird THARSE genannt, die aus Vertrauen Mutige. Ihre Farbe ist ein milchiges Weiß, wie Mondenlicht auf Marmor. Sie ist nicht an Raum und Zeit gebunden und erträgt auch weder Sattel noch Zügel. Wer sie reiten will, die jede Stimmung und Laune spürt, muß sich zentaurisch mit ihr verbinden. Dann trägt sie den Reiter zuverlässig so, wie er gerade denkt und empfindet. Die ersten Ritte auf ihrem Rükken sind harte Proben auf Beherrschung und Konzentration, bis sie Vertrauen gewinnt. Dann kann der Reiter auf ihr die Einheit aller Wahrheiten begreifen lernen und die Toleranz gegenüber Teilwahrheitsvertretern. THARSE ist nur mit Gedanken zu lenken. Diese kommen von höheren Mächten und gehen durch den Reiter hindurch.

Diese Mächte finden einmal, daß auch ein Tharsereiter noch zu sehr an der Erde haftet, und er muß die milchweiße Stute gegen die viel schwierigere APHAIRETIS tauschen.

APHAIRETIS heißt: ›Die, die wegnimmt‹, und es wird gesagt, daß sie den Philosophen, die sie zu reiten verstehen, zur Abstraktion der Sinnenwelt verhilft. Ihr Weiß schillert bläulich, wie ›der edelste Stein, der helle Jaspis‹. Der denkende Reiter bekommt immer Zeit genug, die Stute zu studieren. Sie ist zwar scheinbar bei ihm, mit ihren Träumen aber offenbar weit fort. Alle Pferde träumen gern. Aber in den großen Augen der APHAIRETIS liegt eine Sehnsucht nach wegloser Weite, daß es gut ist, sich und ihr Zügel anzulegen, ehe der Sattelsprung gewagt wird. Auch sie verachtet ›Räume‹, und es ist gut, wenn der Reiter schon etwas mehr von den Überwelten kennt, als die Astrologen berichten. Er wird in die Urbildersphäre getragen, dorthin, wo die Ideen der Erdgeschöpfe, nach denen sie wachsen, leben und sich entwickeln und ändern, anzutreffen sind. Dort lernt der Reiter einen Hauch davon zu spüren, was eigentlich aus den Gestaltungen der Menschen, Tiere, Pflanzen und Kristalle einmal werden soll. Er findet dann einen neuen Teil des Gedankens ›Freiheit‹: die Unabhängigkeit von augenblicklichen Erdzuständen im Wissen, daß es Weiterwege zu wesentlich Besserem gibt.

Ein ehrfurchtsvoller Reiter kann die geisterhaft huschende, glänzende APHAIRETIS herbeizuwünschen lernen und auch dankbar wieder entlassen.

In Vollmondnächten soll sich ihm aber auch eine Rotschimmelstute, die DIAPHANAIA anbieten, die ihn allerdings nur dann gefahrlos trägt, wenn es keine dunklen Wunschwinkel mehr in ihm gibt. Sie heißt ›die Durchleuchtende‹. Auf ihrem Rücken ist es, als ob das Sonnenlicht auch zu mitternächtlicher Stunde wie Morgenrot leuchten könnte – allerdings nicht wie Tageslicht, sondern wie einleuchtende Weisheit, die in die vielen errittenen Bilder und Weiten Ordnung und Unterscheidungskraft bringt. Wie die Stute selbst nicht Fleisch und Bein, sondern ein feines Geflecht von Energiestrahlungen ist, so trägt sie ihren Reiter auch aus der stofflichen Welt in die der Bedeutungen. Diese aber besteht aus blitzenden Ideen, Funktionen, Motiven und Gedanken. In den Gespinsten ihrer Strahlung bilden sich Formen nach deren Sinn und lösen sich wieder auf, wenn der Sinn sich aus ihnen zurückzieht. Der Reiter lernt da das Wirkliche begreifen und das Gewirkte davon zu unterscheiden. Er wird sich dann Mühe geben, nicht mehr Gedanken zu beginnen, als er zu Ende zu denken hoffen darf, wie ein guter Handwerker nicht mehr Werkstücke beginnt, als er fertigstellen kann.

Die DIAPHANAIA scheint kosmischen Zeiten zu gehorchen und sich nur auf höhere Weisung zur Verfügung zu halten.

Die siebente Stute des Ares heißt LEUCOSIA, die Leuchtende. Wen sie als Reiter anzunehmen beauftragt ist, den trägt sie aus der Erdenwelt nach Elysium. Sie erst ist das weiße Pferd der Offenbarung, der ›Rückkehr in des Vaters Haus‹ und des Ausritts von da mit Gedanken, die aus dem gespannten Bogen des Willens zum Guten wie nie mißbrauchte Pfeile genau den treffen, der diese Gedanken gerade benötigt und erbittet.«

Darauf folgte noch manches Gespräch über intime, meist fröhliche Erlebnisse mit Pferden, fern von Sport und Wettbewerb. Sie bestätigten, daß gerade die Wiedergewinnung der lebendigen Beziehungen zu den Zwischenreichen, die wir allzu einfach »Natur« nennen, im Sattel eines Tieres, das feine Empfindungen für jeden Laut und jeden »Wind« hat, sehr viel leichter ist. Das Pferd steigert die Leistungen unserer Sinnesorgane und achtet auf die Wege, so daß wir viel freier und beschwingter – dem Geistervolk näher – vorankommen.

Nun fehlt noch ein seltsames Reittier, DAS EINHORN. Es ist ein Bild hilfreicher, tragender Kräfte auf der Ebene der menschlichen Empfindungen, wo diese völlig eindeutig auf Liebesdienst eingestellt sind. »Ein Horn« ist ein Kraftzeichen ohne Gegenüber, bedeutet also das Einbezogenhaben aller hilfeheischenden Wesen in das eigene Gefühl der mitverantwortlichen Barmherzigkeit.

Es sind christliche Heiligenlegenden bekannt, die besonders zur Adventszeit spielen, in denen dieses ätherische Wesen sich ungerufen Heilerinnen zur Verfügung gestellt hat, von denen niemand begreifen konnte, wie sie ohne ein solches Reittier die vielen Notleidenden hätten erreichen können.

Vom Einhorn

Die von Künstlern, die Unsichtbares sichtbar machen können, dargestellte äußere Gestalt des Einhorns ist die einer Hirschart mit einem einzigen geraden, harten Horn, das nicht wie die Geweihstangen einer Hirschart abgeworfen und erneuert wird.

Im Urchristentum des Nordens war das Einhorn das Wappentier des alten irischen Klosters Clonmacnois. In alten Legenden öffnet es mit seinem Horn die Wände der Winternebel, wenn die Sonne nach der Winternacht wieder über dem Sehkreis erscheint.

Kinder sollten ja erst dann geboren werden, wenn sie Tageslicht bekommen können. Sie erhielten auch keine Namen, ehe die Sonne sie gesehen hatte, und das Einhorn trug Sorge, daß dies geschehen konnte. Mit diesem Lichtdienst des Einhorns ist der Dienst der Boten von Clonmacnois gemeint gewesen, die auf weiten, beschwerlichen Wegen die Dunkelheiten der Götterdämmerungen dem Christuslicht eröffnen wollten.

Das Einhorn wird dann zu einer wie ein Reittier tragenden Kraft, die aber bei allen Kämpfen nicht in den Sieg, sondern in die Versöhnung auf der höheren Stufe gemeinsamer Ideen und Interessen trägt.

Dies kommt besonders in mittelalterlichen Adventslegenden zum Ausdruck, wo das Einhorn sich in auswegslos erscheinenden Lagen Heilerinnen unsichtbar zur Verfügung stellt.

Wo das Wesen des Einhorns allerdings nicht erkannt wird, wo sein Name zur Fabel oder zum Wirtshausschild geworden ist, ergeht es ihm, wie im Grimm'schen Märchen vom »tapferen Schneiderlein« geschildert. Darin dient ein Individualist einem konservativen König, der nur an seine hochherrschaftliche Ruhe denkt. Hier stiftet das Einhorn als Gedanke einer umfassenderen Lebensweisheit bei der Beschränktheit solchen »Königtums« Schaden. Aber es »rennt sich schließlich an einem der alten Lorbeerbäume fest«. Denn solcher Untertanenverstand ist mit so vielen Schalen vorgefaßter und traditioneller Meinungen umpanzert, als ein Baum Jahresringe hat, wie Rudolf Meyer in seinem Buch »Die Weisheit der deutschen Volksmärchen« schreibt. So kann es »am Halsband abgeführt werden«, amtlich registriert, ist bibliotheks- und museumsreif. Es ist aber für die Beteiligten nur ein Aufschub, wenn auch dieses Märchen zu Ende ist, ehe es ernst wird.

Heute ist es aber leider ernst, und nicht im Märchenbereich! Denn der Sinn dessen, was mit dem Bild des Einhorns angedeutet wird, ist nicht nur »eindeutige Reinheit der Medikamente«, die eine »Einhornapotheke« anbietet. Es ist heute das Zeichen der immer deutlicheren Eindeutigkeit dessen, was sowohl Naturwissenschaften wie die Theologien als »die Wirklichkeit« lehren. Ich will wenigstens andeuten, was damit gemeint ist.

Theologie

Des Vaters Haus

Ihr habt es verlassen!« sagt der Theologe zum Biologen. »Ihr findet auf euren Wegen nicht zurück.« Hier das Ergebnis des Gesprächs: »Der Geist in Vaters Haus.«

Was ist des Vaters Haus, das ihr verlassen habt? Solang euch dies nicht eindeutig klar ist, werdet ihr bei den Rückkehrversuchen des guten Willens allzu viele Umwege machen.

Es ist richtig, daß der Satz: »Des Vaters Haus hat viele Wohnungen« von Menschen, die es verlassen haben, nicht verstanden werden kann. OIKIA im griechischen Text ist nicht »seliger Ruhesitz«, sondern das System der kosmischen Zusammenhänge und Bedingtheiten, in das jedes Wesen seiner Herkunft, seinem Sinn und seiner Verantwortung nach hineingehört. Es entspricht dies der geordneten Hausgemeinschaft des Alltags. »Rückkehr in des Vaters Haus« ist also: sich dieser Systemeinheiten, die sich aus der weisheitsvollen Liebe, dem Plan und dem Wort des EINEN bis zu dem derzeitigen Entwicklungszustand des Lebewesens »Erde« ausgewirkt haben, möglichst eindeutig und verpflichtend bewußt zu werden. (Ohne das ist der Satz von Oliver Reiser in »Kosmischer Humanismus« richtig: »Der Mensch hat nie mehr Wissen und weniger Weisheit besessen, als heute.«)

Das »Verlassen des Vaters Haus« ist keineswegs Sünde im kirchlichen Sinn. Unsere durchaus nicht falschen, sondern nur einseitigen Forschungsergebnisse zeigen uns schon bei den untermenschlichen Reichen, daß nicht das biologisch Wichtige allein lebensfähig ist, sondern – eben durch Verbindung von Weisheit und Liebe – den Form-, Erscheinungs- und Funktionsentwicklungen Spielräume in allerdings genauen Grenzen eingeräumt sind. An diese Grenzen ist der Spielraum des Menschenlebens auf der Erde jetzt gekommen. Allein die Herrschaft über das Atom und die in Aussicht stehende Möglichkeit zur Herstellung von Antimaterie bedrohen das Lebewesen Erde ohne die »Rückkehr in Vaters Haus«, d.h. wenn unser Verantwortungsbewußtsein im »Spielbereich« bleibt. Der Abergeist, der dort herrscht, heißt mit Recht »Diabolos«, der Durcheinandermacher.

»Vaters Haus, oder das Reich, oder das Universum« sind auch für die Wissenschaften endlich aus den Vorstellungen eines nur dem »Glauben« zugänglichen Machtbereichs, mithin als »wissenschaftlich nicht erfaßbar« befreit. Damit ist die Notwendigkeit, sich ausschließlich mit Einzelheiten der Erscheinungswelt »Wissen« zu befassen und damit Ausnutzungsmöglichkeiten zu schaffen, behoben. Das ist »Erlösung der Naturwissenschaften bei Rückkehr in Vaters Haus«. Sie haben jetzt die okkult längst bekannte Ätherwelt auch mit ihren Mitteln nachgewiesen, einschließlich ihrer systematischen Trägerfunktionen in der Welt der Erscheinungen. Sie haben Wirkungsfelder menschlichen Denkvermögens in ihre Forschungen aufgenommen, von denen aus einerseits Rückschlüsse auf bisher für Zufall gehaltene kosmische Ursachen möglich sind; andererseits ergeben sich Erklärungen für bisher ebenfalls unerklärliche Wirkungen auf menschliches Verhalten. Fehl- oder fremdgesteuertes Denken und »Gedankenmüll« wirken biologisch und psychologisch schädigend wie chemischer Müll. Es geht dabei alle »Begabung« der Menschen mit Kräften verloren, die nur in innerer Freiheit von Gier und Wollust entdeckt und entwickelt werden können. Dies ist nur durch die »Rückkehr in Vaters Haus« möglich, in Erkennen und Anerkennen des EINEN LEBENS, um auch das Lebewesen Erde von der Erkrankung durch das zur Zeit noch meist parasitisch wirkende Organ »Menschheit« zu erlösen. Zugleich würde die Menschheit sowohl von

Vorstellungen wie Hölle und Teufel erlöst als auch vom Wahn der Überflüssigkeit und der Sinnlosigkeit aller Gedanken an kosmische Eingliederungsnotwendigkeiten. »Erlösung« ist nicht Befreiung von Folgen menschlicher Fehlleistungen, sondern Loslösung von Willkür und sich der Verantwortung stellen.

Aber dazu muß die neue Erkenntnisweite der Naturwissenschaften und deren Erfahrungen bis in die Kirchen und Schulen dringen und von Jugend auf ein richtiges Menschenbild als mitverantwortliches Einzelorgan in den großen, harmonisch gesteuerten Systemen des EINEN LEBENS wachrufen. Die Folgerungen daraus lehrt das Erdenleben. Aber der Urgrund, der in jedem Menschen schlummert, muß wachgerufen werden! Das ist ein Übertragensein des HEILIGEN GEISTES, das Wachrufen des Vertrauens auf die Führung des einen Lebens und das Wachsen des menschlichen Verständnisses für ein solches »Vaters Haus«.

Dieser Heilige Geist ist nicht nur in einem Haus in Jerusalem empfangen worden. Um dieselbe kosmische »Zeit« ist von vielen Völkern der Empfang einer Lichtgabe und zugleich einer Dienstaufgabe aus der Geistwelt berichtet worden. In den geistigen Mittelpunkten des Nordens wurde sie als »Ganganda greida«, die köstliche Labe, empfangen, im Avalon der Kelten heißt diese Gabe »Dagdes«. Sie enthielt alle Kräfte, deren die Kämpfer der »Weißen Insel« oder »des Landes der Sonne« als Gottesfreunde mit einem selbstverantwortlichen »ich« bedurften. In Altpersien entstand das Vertrauen in MITHRAS, den Lichtgott und Beschützer der Wahrheit und des Rechtes. Sein Kult war lange Zeit im ganzen Römerreich verbreitet und glich sich dann dem Christentum an. Der Tag des Mithras und der der Geburt Jesu wurden auf denselben Tag festgelegt. Der Ausspruch des Stoikers Kleanthes, den Paulus in Athen zitiert hat: »In IHM (dem EINEN) leben, weben und sind wir« begann das »Leben in Übereinstimmung mit der Natur« auch die Übereinstimmung mit dem EINEN und Seinem Plan einzuschließen. Daraus muß in der Sprache des Neuen Testaments die fröhliche Mitarbeit jedes »Hausgenossen« an der plangerechten Sauberkeit des Hauses des Vaters und an der liebe-weisheitsvollen Verbundenheit mit allen Mitbewohnern verschiedenster Bestimmung erwachsen.

Damit wird die Dualität Theologie und Naturwissenschaften zu einer Polarität der Einheit des Lebens. Dann erhalten z.B. die »Seligpreisungen« Jesu auch für die Kirchen einen deutlicheren Sinn, die ja Wegweiser für die Rückkehr in Vaters Haus sind.

»Bettler um Geist« sind Menschen, die ernstlich die neugefundenen Systeme des einen Lebens und deren Plangerechtigkeit zu verstehen suchen.

»Die Leidtragenden« in den heutigen Zuständen finden den Trost des großen Vertrauens in einem liebe-weisheitsvoll gesteuerten Kosmos.

»Die nicht Schädigenden« erfahren einen hohen Anteil an der Erde, nämlich die zutunliche Liebe aller Wesen, denen sie sorgfältig – der eigenen Wirkung bewußt und sie beherrschend – begegnen.

»Die Hungernden und Dürstenden nach Plangerechtigkeit« sollen lt. griechischem Text »im Stall gefüttert werden«. Sie werden das Wesen des »Einen Lebens« erkennen, in dem jeder seine Bedeutung und Mitverantwortung hat.

»Die da helfen, den Frieden des Herrn herzustellen« – »friedfertig sein« ist Ausweichen vor Entscheidungen – die also der kosmischen Harmonik wirklich dienen, können »Söhne Gottes« genannt werden.

»Die darum von den Menschen auf den Umwegen verfolgt werden«, sollen »es sich nicht verdrießen lassen!« Sie sollen sich über den hohen Ausgleich freuen, den sie selbst »in des Vaters Haus« für menschliche Fehlleistungen schaffen. Das Griechenwort MISTOS bedeutet Ausgleich, nicht Lohn!

Das Wort für »selig«, Makarios, war ursprünglich ausschließlich Götterbeiname. Es bedeutet nicht »höchste Wünsche erfüllenden Lebensstandard in sorgloser Ruhe«. Es bezeichnet das Eingegliedertsein aller Götter in die Plangerechtigkeit des Schicksalgesetzes der »MOIRA« der Griechen, der alle Götter zu gehorchen hatten. Sie waren dienstverpflichtete Intelligenzen in »des Vaters Haus«.

Die Naturwissenschaftler glauben, in wachsender Erkenntnis der Harmonik des Kosmos, eine Personifizierung der dies bewirkenden kosmischen Kräfte nicht mehr zu benötigen. Aber die neuen Forschungsergebnisse über die schon bei Erdenmenschen festzustellenden Gedanken- und Willensenergien, die entwicklungsfördernd oder auch -hemmend wirken können, zeigen, daß der Kosmos nur eine harmonische, plangerecht gesteuerte Hierarchie von intelligenten Geistwesen als Lebensträger haben kann.

Was ist denn »Erlösung« auf bewußten Rückkehrwegen in des Vaters Haus? Betteln um Geist ist dann kein Interesse von Einzelnen mehr, sondern schließt die Notwendigkeit ein, dieses Interesse in der ganzen Menschheit wach zu halten und zu wecken zur Erlösung aus dogmatischen Einengungen oder von Absinken in die Tierstufe. Leidtragende sind aus ihrer »Resignation mangels Wachheit« zu erlösen. Erlösung zur »Harmlosigkeit« ist Opfernlernen, d. h. sich ständig, von keinen Eigenwünschen gestört, zur Verfügung zu halten und in unerschütterlichem Vertrauen »Licht auf den Pfaden« zu sein. Eine wichtige Erlösung ist die vom Verkrochensein unter der Macht von Gehorsamheischenden zur Selbstverantwortung als Mensch. Die Barmherzigen müssen aus dem Irrtum befreit werden, daß sie nicht erst in einem Jenseits Barmherzigkeit erfahren werden, sondern jetzt und hier die nötige Kraft finden können. Erlösung von der Herrschaft der niederen Wunschnatur ist die große Aufgabe der Vorbildlichkeit derer, die den Weg der »Rückkehr in Vaters Haus« gefunden haben. »Friedefertige« sind schon weitgehend erlöst, ebenso »die noch nicht ganz Sicheren«. Aber das Leben in Vaters Haus ist nicht statisch und will ständig weiter erhellt werden, so daß auch sie an jeder Schwelle ihrer Bewußtheit auf die Hilfe derer rechnen können, die sie am Übergang freundlich erwarten. (»Seid gegrüßt und waget den Sprung!« Luk. 6/23)

Unser Pfad der Rückkehr ist also voll Licht. Das der Naturwissenschaften und das des Glaubens beginnen als *eine* Wahrheit erkannt zu werden. So bleibt uns, den Willen zum Guten aus rechter Spannung wachsen zu lassen und

WACH ZU SEIN!

Rechtfertigung eines Abergeistes, der keiner war noch ist

»Ich kenne viele heilige Schriften und Sagen«, sagte ein Zweifler am Christentum, »Mysterien von Völkern meiner Rasse, Iren, Germanen, Sunyavansa (Ostgermanen) und das Christentum von Clonmacnois, welches das Tier ›Eindeutigkeit‹, das Einhorn, als Symbol hat. Ich kann mich mit dem von den Kirchen gepredigten und verehrten Jesus nicht abfinden, der einen von seinen ersten zwölf Jüngern nicht davor schützen konnte, vom Satan besessen zu werden und ihn nicht hindern, seinen Herrn zu verraten und dessen Kreuzestod zu verschulden. Das evangelische Bekenntnis zu Jesus lautet: ›Niedergefahren zur Hölle und wiederauferstanden von den Toten‹ ohne eine Andeutung, daß er einen Gefolgsmann dabei errettet hat. Es gibt in all unseren religiösen und geschichtlichen Schriften nicht einen einzigen Bericht, nach dem ein Dienstherr einen seiner Gefolgen im Stich gelassen hätte, auch nicht: ›Damit die Schrift erfüllt werde‹.«

Ich prüfte die Judasberichte im altgriechischen Text des Neuen Testaments, lud dann den Zweifelnden und dessen Freund zu einem Gespräch ein und konnte ihnen das Folgende mit dem alten Text belegen:

Schon bei der ersten Erwähnung des Namens (Matth. 10/4) steht dort nicht »Judas aus Iskara, der Ihn verriet«, sondern: »Der Ihn überantwortete.«

Judas ist griechisch IOYDAS geschrieben, zu deutsch: die Trauerfackel (»ioy« ist ein Schmerzenslaut und »das« heißt die Fackel, also ein Mensch, der einem leidtut). Ein »Iskariotes« stammt von der Insel Iskara im Ägäischen Meer, der »Insel der Eindringlinge«. Dort siedelten Ostgermanen. Joydas war offenbar kein reinblütiger Israelit. Anders begabt als die anderen Jünger, blieb er deshalb von diesen unverstanden. Da er kein persönliches Interesse am Geld hatte, »trug er den Beutel«.

Als ein Iskariotes kannte Joydas den arischen Brauch, daß sich der Träger einer Gottheit nach dritthalb Jahren opferte, um die Gottheit wieder aus seiner Leiblichkeit freizugeben. Deshalb verstand und erhielt Joydas den Auftrag, das freiwillige Selbstopfer Jesu vorzubereiten. Beim Abendmahl spricht Jesus laut griechischem Text auch nicht von Verrat, sondern von »Überantwortung« und beauftragt Joydas mit der Weisung: »Tue es bald!«

Die böse Absicht des Jüngers aus Gewinnsucht und die Macht des Satans, der unmittelbar vor dem Abendmahl in den Joydas gefahren sein soll, sind Unverständnis der Berichterstatter für den Auftrag des Joydas, aber nicht ein Bild für die Nichtigkeit des Abendmahlkultes, bei dem dieser Jünger die Hand mit seinem Herrn zusammen in die Schüssel tauchen durfte.

In der Gethsemanenacht rang Jesus mit dem vorzeitigen physischen Zusammenbruch. Er betete darum, daß dieser Kelch an ihm vorübergehen möge, denn Er wollte sich öffentlich opfern. Elf Jünger schliefen, als Er Kraft brauchte. Da kam Joydas: »Sei gegrüßt, Herr!« und küßte Ihn. Jesus sagte: »Gefolge, dazu bist du gekommen!« (Nicht »Warum bist du gekommen?«, denn das wußte Jesus).

Ebenso mißverstanden ist der Freitod des Joydas. Auch dieser ist Brauch eines Iskariotes. Als er sah, daß der Herr getötet werden würde, wie Dieser es vorausgesagt hatte, warf auch er seinen irdischen Körper ab, um dem Herrn im zeitlosen Leben wieder zur Verfügung zu stehen. Jesus hat diese von Ihm vorausgesehene, nicht notwendige Tat in Seinem »Hohepriesterlichen Gebet« (Joh. 17/12) »Verschwendung« genannt. Er nennt Joydas darin »Sohn der Verschwendung«, nicht »verlorenes Kind«, wie Martin Luther übersetzt hat, weil er ihn als Apostel verlor.
Jesus hat seinen Jünger auch nie bedroht. Er hat ihn bedauert, weil Er ihm diese »Überantwortung« hat zumuten müssen. Das drohende: »Wehe dem Menschen, der des Menschen Sohn verrät«, heißt im griechischen Text: »Wehe mir! Es tut mir weh um des Menschen Willen, der seinen Herrn überantworten muß.«

Joydas war also nicht untreu, nicht »vom Satan besessen« (Luk. 22/3) und nicht von seinem Herrn verloren gegeben. Er ist treu gewesen in der Weise seines Volkes, unverstanden von den anderen Jüngern. Er ist also kein Beispiel eines unverständlichen Verhaltens seitens Jesus, des Trägers der Christuswesenheit auf der Erde.

Igni Nascimur Renascendo Ignibus

»Wie läßt sich nun«, wurde ich zuletzt gefragt, »diese Psychologie der Einheit, des Miterlebens und der Mitverantwortung mit der Darstellungsweise der christlichen Kirchen in Einklang bringen, von denen doch viele Menschen abhängig sind?«

Da ist zunächst die alles Menschengedenken und -empfinden überwältigende Tatsache, daß immer neue Wahrheiten oder Aspekte der einen Wahrheit entdeckt und wissenschaftlich bestätigt werden, die eine mit weisheitsvoller Liebe erdachte, planmäßige Harmonik unserer Formenwelt beweisen.

Dazu kommen Entdeckungen wie die der Ätherkräfte und Erfahrungen wie Telepathie und Telekinese als raum- und zeitfreie Gedankenwirkungen, die natürlich auch kosmische Ausmaße haben.

Bei vielen Menschen ist jetzt der Bewußtseinsbereich zu der Fähigkeit gewachsen, zu klaren Erkenntnissen über den »Gang der Welt« als dem »einen Leben« zu kommen. Sie haben die Voraussetzung erfüllt, alle Regungen zu beherrschen, die lediglich die eigene Körperlichkeit betreffen, so daß sie zum »Dienstwerkzeug« des »einen Lebens« geworden sind.

Diese Einheit in Worte zu fassen, die nicht nur Symbole und Bilder sind, hat das Erlebnis zur Voraussetzung, daß die Steuerung dieser Einheit von harmonisch und offenbar einem Plan gehorchenden nicht inkarnierten Intelligenzen durchgeführt wird, also das Miterleben. Denn auch die Menschheit ist ein Organ dieses einen Lebens.

Aber dieses Organ ist offensichtlich noch nicht voll funktionsfähig. Es müssen noch sehr viele Menschen lernen – oder wieder lernen – nicht nur diese Steuerung anzuerkennen, sondern ihren »Geistern« so zu begegnen, wie sie es sich selbst von übergeordneten Leitenden erbitten.

Das eine Leben, soweit wir es begreifen, kann vielleicht so dargestellt werden:

Des EINEN Wille und Plan muß in seiner (für uns) obersten Stufe in einem Dienstbereich höchster Intelligenzen – von den Ältesten »Seraphim«, die Entflammten, genannt –

zu einer Wirkungsform gekommen sein, die wir mit kosmischem Urfeuer, oder Urlicht, bezeichnen müssen.

Auf der nächsten Stufe wird von verwandten Geistwesen der Sinn und die Ursache dieser Feuer als Höchste Weisheit, als Gedankenkraft und Steuerungswille erkannt. Die Alten nannten sie »Cherubim«.

Es wird von Eingeweihten, die versuchen, ihr Erkenntnisvermögen und ihr Bewußtsein bis in die Regionen dieser Urkräfte auszudehnen, von Zentren gesprochen, in denen dieser Wille thront; und von (in ihrer Evolution schon urbildnahen) Menschenintelligenzen, die sich für plangerechte Weitergabe dieses Willens in sprunghaften Entwicklungsstufen der Geistwelt opfern.

Die Aufgabe der ersten geistigen Erben dieser Opfer als Bewußtseinsbesitz ist die für Menschen und untermenschliche Reiche deutliche Verleihung von sinnvoller Auswirkung dieser Willensimpulse. Von ihnen geht die Gestaltung der Ätherwelt als Trägerin der Steuerungsenergien aus. Im Gebet des Herrn heißt ihr Dienst: »Herrlichkeit in allen Zeitenkreisen«. Ihr alter Name ist »Die Herrschaften« (Kyriotetes). Einer von ihnen, der sich mit Recht »Sohn des EINEN« genannt hat, hat sich in einem eingeweihten Menschen – Jesus – inkarniert, und durch Überwindung des zeitlichen Todes die Menschheit grundsätzlich aus den Reichen der Tiere herausgehoben und ihr einen neuen Sinn gegeben. Es ist dies der der Dienstfähigkeit und der Mitverantwortlichkeit in den Dienstbereichen, die Menschen in ihrer gesteuerten geistigen Entwicklung bewußt zu erreichen vermögen und erreichen werden.

Die Ätherenergien – im Gebet des Herrn »die Kraft« (Dynamis) und bei den Alten eine eigene hierarchische Gruppe – sind heute wissenschaftlich in ihren irdischen Auswirkungen anerkannt, zum Teil photographisch nachgewiesen.

Ätherische Energiegeflechte sind also als Voraussetzungen und Ursachen aller physischen Erscheinungsformen erkannt; auch der im Okkultismus seit langem bekannte Ätherkörper des Menschen, als »Bild» seiner physischen Form. Als von den »Beauftragten« für die Schaffung dieser Urbilder für die physischen Formen sprachen die Alten von den »Elohim«. Deren Einer ist der Gott Jehovah des Moses.

Der Dienstbereich dieser »Beauftragten« und dessen Harmonik heißt im Gebet des Hern »Das Reich oder Königtum« im Sinne der Ordnung, der Zusammenarbeit und der Vorbildlichkeit für alle »Unteren«. Diese Verantwortlichkeit für plangerechte Schöpfung ist der »Heilige Geist«. Deshalb ist er nicht nur ein »Tröster« hinsichtlich einer zuverlässigen Fürsorge der »Beauftragten«, sondern nach seiner griechischen Bezeichnung »Paraklethes«, der »Aufrufer« zur Wahrnehmung der Mitverantwortlichkeit der Menschheit für ihren Lebensraum. Die Verantwortung im Sinne dieses »Heiligen Geistes« gilt nicht nur dem Eigeninteresse, vielmehr in »weisheitsvoller Liebe« für alle Lebewesen. Dazu bekommt die Erde »das zusätzlich nötige tägliche Brot«. Auch von diesem ist jetzt ein Aspekt wissenschaftlich erkannt als eine kosmische Strahlung aus sternenleeren Räumen (Millikan und Heß), ohne die (wie durch geringfügige Abschirmung mit dicken Bleidecken nachgewiesen) physisches Leben verkümmert.

Wieder andere Geistwesen oder kosmische Intelligenzen, die für die Erde mitverantwortlich sind, nannten die Alten »die Urbeginne«. Dies sind die Verantwortlichen für das physische Erdenleben. Hierbei scheint die Gesamtidee der heute noch in der Entwicklung stehende Mensch zu sein. Seine Einzeleigenschaften haben zuerst in Tiergestalt physische Form bekommen. Der Mensch stammt also nicht »vom Affen« ab, sondern er ist das Gesamturbild der Gedanken des EINEN, für das durch eine Unzahl niedrigerer physischer Formen der biologische Lebensraum auf der Erde geschaffen wurde und sich in gesteuerten Rhythmen und Mutationen entwickelt hat. Für diese Entwicklung ist der Mensch mitverantwortlich, weil er eine Möglichkeit der Bewußtseinsentwicklung hat, welche bis in die Bereiche der Gedankenenergien und der Ätherwelt und deren Wirklichkeit, als Voraussetzung alles physischen Lebens, gehen kann und das EINE LEBEN zu begreifen vermag. So werden wir dem Kosmischen Feuer geboren: IGNI NASCIMUR.

An dieser Menschenrevolution und an dem Wachstum der Bewußtseinsweite und mitverantwortlichen Dienstfähigkeit selbst aktiv mitzuwirken, ist das, was der »Heilige Geist« erwecken will. Es besteht darin, sich ausschließlich aus dem Willen zum Guten einzuschalten in die harmonischen Zusammenhänge, und in die einander verursachenden und ergänzenden Mutationen der Urfeuer. Dies ist möglich, da diese ihrerseits Spiegelungen in Menschengedanken suchen. Freilich ist diese kosmische Steuerung des EINEN LEBENS so organisch, daß es nur an Hand der bei solchen Kontaktversuchen empfangenen Dienstideen und Ausführungskräften erraten (aber nicht verraten) werden kann, bis in welchen Bereich kosmischer Intelligenzen das »Betteln um Geist« gedrungen ist. Jedes »Angeben« mit solchen Gaben löscht diese wieder aus – und es bleibt nur ein meist illusionäres Erlebnis. Ebenso wirkt jede Form von Egoismus, ob er sich nun auf dies- oder jenseitige Lohnerwartungen bezieht.

Es ist deutlich, daß zur Zeit eine Zusammenführung der Völker zu einer Lebenssynthese auf der Erde geistiges Ziel ist. Hier kann der Erkenntnissucher besonderen Beauftragten begegnen, die die Alten »Erzengel« nannten. Okkult wird von einem »Michaelischen Zeialter« gesprochen. Die Impulse aus diesem Geistbereich beziehen sich auf Selbstbesinnung der Nationen in Bezug auf ihre Verantwortungsrolle in einer nicht nur zahlenmäßig, sondern besonders hinsichtlich des Selbstbewußtseins wachsenden Menschheit. Sie haben die Rassentrennung bereits weitgehend überwunden und müssen nun den harmonischen Zusammenklang der verschiedenen nationalen Begabungen zu einem liebe-, weisheitsvollen Menschheitsbewußtsein finden.

Eine internationale Menschengruppe, die sich in dieser Weise verantwortlich weiß und einsetzt, nennt sich die Neue Gruppe der Weltdiener. Ihre Zentren sind in New York, Tokio, Buenos Aires, London und Genf.

Dazu ist es notwendig, meditative Erfahrungen weiterzugeben und dazu »gute Beziehungen« zu den Menschen und zu den ihr irdisches Leben ermöglichenden, untermenschlichen Reichen herzustellen und zu erhalten. Es gibt keine absolute Grenze zwischen der Geistwelt und der Menschenwelt. Alle »Grenzen« irgendwelcher Art müssen ohnehin durch beiderseitige Kontakte durchlässig gemacht werden.

Dies ist der Weg des Urfeuers, des Urlichtes, des Weltenworts vom Geiste des EINEN. Er geht bis in den physischen Teil des einen, aus diesem Geist entstandenen Lebens. Er scheint im Denkvermögen der Menschen zu enden. Aber bei den untermenschlichen Reichen der Materie, Pflanzen und

Tiere ist er in Affinitäten, Reaktionen, Instinkten begrenzt vorhanden, die jedoch von menschlichem Denken sowohl lebenfördernd, wie störend beeinflußbar sind. Bei den Tierinstinkten ist dies seit alters her bekannt. Die Sensitivität von Pflanzen auf menschliches Denken und Empfinden ist neuerdings nachgewiesen. (Bezüglich Materie ist z. B. die Beeinflußbarkeit der Größe eines Wassermoleküls durch menschliche Gedankenenergien festgestellt, wodurch die Wirkung des Wassers auf Pflanzen verbessert wird). Mit der Entdeckung solcher Denkkräfte wächst aber auch die Verantwortlichkeit des Menschen bezüglich seiner Dienste, wie die des Lernens dafür.

Eine weitere Wirkung des Geistes auf die Formen des EINEN LEBENS ist aber auch die Welt der Empfindungen und Emotionen. Sie hängt eng mit den Denk- und Bewußtseinszuständen bei allen Lebewesen zusammen; auch solchen, die nur in ätherischer Form sind.

Die sogenannten Astralkörper werden von geistigen und physischen Zuständen beeinflußt. Da ihre Auswirkungen auf andere Lebewesen sehr stark sein können, verlangt die Verantwortlichkeit des Menschen, sie bewußt zu bewachen und zu beherrschen. Besonders Menschen von enger Bewußtheit und höhere Tiere, aber auch Pflanzen, reagieren auf menschliche Emotionen, die deshalb sowohl Mittel zur Herstellung guter Beziehungen sein, als auch erhebliche Störungen im Zusammenklang des EINEN LEBENS verursachen können.

Damit liegen »Tücken des Zufalls oder Objekts« oder sogenanntes »Teufelswerk« nicht bei irgendwelchen Intelligenzen außerhalb des Planes des EINEN oder in mechanischen Ursachen – sondern in menschlichem Versagen aus Mangel an Wachheit, und an Kenntnissen über die wirklichen Ursachen, einschließlich solcher im eigenen Verhalten.

Mit der – auch dann nur ahnungsweisen – Erkenntnis über die Wege des Feuers, des Lichts, des EINEN LEBENS wächst zwar die eigene Verantwortlichkeit und damit die Anzahl der unzulänglichen Einzelleistungen, aber auch die Fähigkeit, sie auszugleichen in einem nie für möglich gehaltenen Zuwachs an Freude, Kraft, Liebe und Verständnis, der dem eigenen Einsatz von Willen zum Guten entspricht. Dies ist wie eine Neugeburt in viel strahlenderem Licht und Lebensfeuer, eine Erfüllung der Aussage: IGNI NASCI-

MUR RENASCENDO IGNIBUS, dem Feuer werden wir geboren, um in Feuern wiedergeboren zu werden.

---

* Die Deutung der Chimaira als Binderune stammt von Günther Kirchhoff, in Gaggenau, gegeben in einem unveröffentlichten Briefwechsel über geschichtliche Hintergründe von Sagen und Legenden.

Benutzte Literatur

Unveröffentlichte Briefe über frühgeschichtliche und vorgeschichtliche Kulte, von GÜNTHER KIRCHHOFF, Gaggenau, Baden.

Übersetzungen aus »Witchcraft« von Dr. M. MURRAY und aus »Witches«, von T. C. LETBRIDGE, London, 1962, von demselben.

Irische Elfenmärchen der Brüder GRIMM, Verlag Freies Geistesleben.

Die Mythologie der Griechen, von KARL KERENYI, Rhein-Verlag, Zürich.

Griechische Heldensagen, von ALBRECHT SCHAEFFLER, Insel-Verlag.

Griechisch-deutsches Handwörterbuch, von Dr. W. PAPE, 1849.

Thule, altnordische Dichtung und Prosa, von FELIX NIEDNER, E. Diederichs Verlag, Jena 1922.

Helden und Heilige, von HANS HUEMMELER, Verlag Haus Michaelsburg, Siegburg.

Die Kalevala, Übersetzung von DAGMAR WELDING, Röhm-Verlag, Stuttgart.

Bruder Tier, von KARL KÖNIG, Verlag Freies Geistesleben, Stuttgart.

Biologie und Christentum, von JOHANNES HEMLEBEN, Verlag Urachhaus.

Ursprung und Wirklichkeit der Hexen, von Gerald B. GARDNER, Otto Wilhelm Barth Verlag, Weilheim.

Abendländische Wandlung, von JEAN GEBSER, Ullstein.

Gespensterjäger, von HANS HOLGER, Scherz-Verlag, München.

Die Weisheit der deutschen Volksmärchen, von RUDOLF MEYER, Verlag Urachaus.

Kundalini, GOPI KRISHNA, Scherz-Verlag, München.

Die neue Dimension des Yoga, GOPI KRISHNA, Scherz-Verlag, München.

Der alte Forstmeister und seine neuen Freunde

Es war im Sommer 1977. Eine Meute buntgekleideter, langhaariger und fröhlicher Leute bevölkerten den Weinheimer Schloßpark, spielten Frisbee, sahen die Abendsonne in der Rheinebene versinken und huldigten ihr mit zeitgemäßem Weihrauch. Einer ihrer Späher hatte eine Überraschung versprochen, einen Geschichtenerzähler vom alten Schlag. Als es dunkelte, gingen sie zum Blauen Turm, wo ein paar junge Jägersleut ein Lagerfeuer aufgeschichtet, und Bürgersleut und Touristen auf Klappstühlen Platz genommen hatten. Die vogelfreie Hippieschar hockte sich auf den Boden und harrte der Dinge, die da kommen sollten. Kaum einer konnte sich das Grinsen verkneifen, als Wilhelm Fabricius, der diese Erzählabende am Lagerfeuer schon seit einigen Jahren regelmäßig zur Sommerszeit abhielt, seine neuen Zuhörer demonstrativ aufs herzlichste begrüßte und jenem Späher, Werner Pieper, die Hand gab. Die Jagdhornbläser ließen ein schallendes »Waidmanns Heil« erklingen, die Pfauen »sangen« im Hintergrund ihre Abendlieder von der alten Blutbuche hinab und der Alte fing an zu erzählen, daß es den kichernden Hippies und tuschelnden Bürgersleuten ganz anders ums Herz wurde. Geschichten aus dem Wunderwald, Legenden und Sagen, eine Achterbahnfahrt durch die Mythologien der Germanen und Griechen, von Asgard war die Rede, von der Kundalinischlange, vom Leipziger Zoo ging es auf Pferderücken durch die Wälder Russlands… es war ein humorvoller, erzählerisch glänzender Abend, voller Zauber. Immer, wenn eine Pointe dem Zuhörer ein Licht im Hirn angezündet hatte und der alte Forstmeister mit schmunzelndem Gesicht Esoterisches verkalauerte, nahmen die Jagdhornbläser Haltung an und bliesen ihre Signale. Das Erstaunliche war, daß jeder Zuhörer, gleich wessen Geistes Kind, aus jenen Geschichten etwas mit nach Hause nehmen konnte.

Das war unsere erste Begegnung, und viele weitere sollten folgen.

Als wir in den kommenden Monaten im KOMPOST, der damals bekanntesten Alternativzeitschrift im deutschsprachigen Raum, einen Vortrag von Wilhelm Fabricius abdruckten und kurz darauf sein Manuskript »Geister und Abergeister« in der Reihe DER GRÜNE ZWEIG erschien, griffen sich einige der Stammleser an den Kopf. Einige nahmen diese Anregung auf, wie sie von uns als Herausgebern gedacht war: als Dialog mit den Alten und Weisen in unserem Lande, so wie wir Jahre vorher unsere Kontakte mit traditionellen Indianern Amerikas publiziert und damit einen Indianerboom ausgelöst hatten, der bis heute angehalten hat. Traditionelles Wissen der Indianer war begehrt, traditionelles Wissen aus dem eigenen Lande war vielen zu suspekt: viele der linken Buchläden boykottierten plötzlich alle Publikationen und warf uns Verbreitung von faschistischem Gedankengut vor. Was war das Problem? Vor allem wohl die Sprache. Hatten wir es als erfrischend empfunden, endlich einmal jemanden zu treffen, der nicht leugnete, ehemals PG* gewesen zu sein und dies auch begründete, so benutzte er bei der Begründung eine nicht zeitgemäße Terminologie. Hätte er doch nur gesagt, er habe sich auf den Marsch durch die Institutionen gemacht, dann wäre ihm das wohl nachgesehen worden. Aber als er dann noch in dem ihm eigenen Humor darauf hinwies, daß »alle Grünen Zweige auf braunen Ästen wachsen«, da war für die Linken der Ofen aus.

Aber auch Freunde, die dem Gedankengut der Bücher *Der Rappenreiter, der Page und das Paradies* und dann *Reiter und Pan* eigentlich wohlwollend gegenüberstanden, bekamen ihre Schwierigkeiten. Soviel Reinheit und Güte, Großmut und weise Schau geistiger Welten, gepaart mit den definitiv shatterhandmäßigen Künsten fairen Kämpfens – das hält der junge Durchschnittssünder doch im Kopf nicht aus. Castaneda** leuchtete ja noch ein, war er doch weit genug entfernt und außerdem mit Drogen durchtränkt. Aber so etwas ohne Drogen, als lebende Wahrheit vor der eigenen Haustür? Auch wir mußten beim Lesen so manches Mal schlucken, wenn es in blumiger und altherrenforscher Sprache um Naturbeschreibungen und Waldläufererinnerungen ging, aus einer Zeit, in der wir Deutschen mordend und plündernd in den Osten einfielen, um mit »nichtarischem Untermenschentum aufzuräumen« und Raum für den großdeutschen Wahn zu schaffen. Da war es nicht zu verwunderlich, wenn sich der solidarische Leser unserer Publikationen fragen mochte, ob wir denn beim Forstmeister in den Jägermeister gefallen seien.

Das, was uns damals sicher machte und auch heute noch standhaft vor Wilhelm Fabricius stehen läßt, war und ist die persönliche Begegnung mit diesem Manne. Damals war er Forstmeister im Ruhestand, aktiver Stadtrat von Weinheim, Beauftragter für Umweltfragen und bis zum 88. Lebensjahr noch im Sattel seiner geliebten Pferde. Bei seinen Vorträgen oder auch im privaten Gespräch erfuhr man immer wieder Momente, in denen sich das eigene Herz öffnete, und das sarkastische und abgebrühte Naturell des Wohlstandskindes sich loslöste und auszog in die humorvolle Welt der Waldgeister und Zauberreiche. Seit jener Zeit, als *Geister und Abergeister* erstmalig erschien, waren wir öfters Gast in seinem Haus und ließen uns von ihm durch den Exotenwald und seinen Zaubergarten führen: hier wuchs der höchste Bambus Deutschlands, hier wuchsen exotische Pflanzen, die ansonsten in unseren Breitenkreisen nicht vorkamen; eine wahre Wunderwelt, in der alles am »richtigen« Platz wuchs und von Nixengewässern getränkt wurde. Sein schlichter Wohnraum, in dem er seine Holzbilder kratzte, seine Pulle Jägermeister mit der er uns zu prüfen schien und seine wunderbaren Geschichten sind uns noch lebhaft in Erinnerung.

Wilhelm Fabricius hat im Laufe seines langen Lebens die europäischen Wälder und Landschaften, die Pflanzen, Bäume und Tiere, die Gewässer und Gebirge, vor allem aber auch den wundersamen Dornenstrauch der Schöpfung, Mensch genannt, kennen- und lieben gelernt wie kaum ein anderer hier. Nicht nur die Erinnerungen an wohl-wollende Erfahrungen und das immer neue LERNEN werden seine irdische Manifestation überdauern, vor allem sind es die vielfältigen Samen, die er gesät hat.

Seine Botschaft, in Fabeln, Anekdoten und Moritaten verpackt, ist höchst modern und aktuell. Wenngleich seine umfassende Bildung, Sprachkenntnisse und humane Lebenssicht nicht gerade in unsere Zeit der oberflächlichen, glatten Machtwichtel und Wendemänner zu passen scheint, so ist er für die, die nach einer Lösung globaler ökologischer Probleme suchen, bisweilen eine Offenbarung. »Wir müssen aber auch tun, was innerlich, im Bereich der astralen Kräfte möglich ist. Ich habe in meinem Buch *Geister und Abergeister* geschildert, wie unsere Vorfahren die ausstrahlenden Kräfte der Tier-, Pflanzen- und Mineralwelt (besonders des Wassers) empfunden, erlebt und als Elementargeister dargestellt haben. Mit diesen Kräften müssen wir bewußt in Kontakt kommen. Die Erde ist ja ein Lebewesen, in dem alle Einzelkräfte eine Einheit bilden sollen und von der Menschheit nicht einfach nur ausgenutzt werden dürfen.«

Wie war der Werdegang eines Menschen, der solches erlebt und vermittelt?

Am 8. Mai 1894 kam er in Freiburg zur Welt. Er besuchte weder Kindergarten noch Volksschule, der Unterricht fand daheim statt. Das Abitur machte er in Freiburg, danach studierte er je ein Semester Biologie und Medizin. 1914 sollte/wollte er mit den Kolonialtruppen ins heutige Tansania, hatte schon die Landessprache Kisuahelie gelernt, doch der erste Weltkrieg kam dazwischen. Von 1920 bis 1924 studierte er Forstwirtschaft, wurde Holzhauermeister und später dann Forstmeister in Weinheim. Im 2. Weltkrieg leitete er ein Forstschutzkommando an der Ostfront. Dort gab er die Losung aus: »Kahlschlagverbot! Es ist gleichgültig, wem ein Wald gehört. Der Wald ist ein Menschheitsproblem.«

In den zwanziger Jahren war Wilhelm Fabricius der Chef des Deutschen Pfadfinderbundes. Einer Einverleibung durch die Nazis widersetzte er sich. So schrieb er in einem Brief an Baldur v. Schirach u. a.: »Da ich mich Herrn Adolf Hitler nicht unterstellt habe, auch meinen Anschauungen nach nicht Nationalsozialist bin ... muß ich Sie bitten, auf meine Mitarbeit ... zu verzichten.«

Zeit seines Lebens war er ein Pferdenarr. Diese Neigung hat er wohl von seinem Vater, der vor rund 100 Jahren von Bagdad nach Istanbul geritten ist. Von seiner Mutter hat er seine künstlerische Ader geerbt. Seine Spezialität: mit dem Taschenmesser Bilder auf dunkel gebeiztes Holz zu ritzen. Hunderte solcher Bilder hat er »geritzt«, vorwiegend mit Motiven aus der Natur. Ein paar Beispiele sind in diesem Buch abgebildet. Als Verwalter des Exotenwaldes und des Schloßparks in Weinheim wurde er ein herausragender Dendrologe, d. h. Baumfachmann. Nach seiner Pensionierung als Forstmeister arbeitete er als Umweltschutzbeauftragter und schrieb mehrere Bücher, siehe auch die Bibliografie

Nach dem Tod seiner Frau gab er sein Haus auf und zog in ein Altersheim am Exotenwald. Seine Gäste führte er weiterhin durch den Wald, nach wie vor hielt er seine unvergleichlichen Vogelstimmenwanderungen ab, nur die Vorträge schränkte er ein. Als er nach einem Unfall nicht mehr reiten konnte, tröstete er jene Leute, die ihn mit dem Auto angefahren hatten: »Mir ist doch nichts geschehen, nur meinem Bruder Esel.« Mit knapp neunzig Jahren begann er, seine Holzbilder zu kolorieren.

Unser Interesse an seinen esoterischen Verbindungen wich im Laufe der Jahre einer Bereitschaft des Zuhörens. Das Spektakuläre war dahin, es wurde persönlicher. Aus dem staunenden Zuhören wurde ein Dialog. Hauptthema war immer wieder das DIENEN, die Bereitschaft, die eigene Bestimmung im Schöpfungsplan zu erkennen und mit Leben zu füllen. Der friedfertige, liebevolle Gebrauch der eigenen geistigen Waffen zum Schutze der Lebewesen. Keine Feinde schaffen, sondern lebendige Beziehungen zwischen der Vielfalt der Schöpfung und ihren Geistern. Gaia-Bewußtsein, Biokybernetik, Netzwerktechniken sagt man heute dazu, jedoch bei Wilhelm Fabricius noch mit Humor versetzt, dem Dreiklang von Herz, Hand und Hirn. Er lehrt uns geduldig eine futurologische Ethik, ein sich-finden im Andern.

Wilhelm Fabricius ist alt geworden, bald hat er die Hundert Jahre erreicht. Er freut sich über unsern Besuch, vor allem über das kleine Kind, dessen Hand er lange hält. Er sitzt an seinem Arbeitstisch und versucht sich mit Bleistiftskizzen – Hirsche, Pferde, Naturlandschaften. Er malt jetzt mit der linken Hand, die Rechte ist seit einem Schlaganfall gelähmt. Er kann nur noch leise sprechen, aber die Gedanken sind klar. Er spürt in sich Frieden und Licht. Er meditiert immer länger. Traum und Wachzustand verschwimmen, seine Träume von der Jagdzeit seines Lebens ziehen ihn hinein in die unendlichen Wälder seiner Jugend. Er schützt die Lebewesen, er jagt sie nicht. Er tötet kein Wild, sondern sucht verborgene Stellen, an denen seine Lieblinge die schweren Zeiten aushalten können. Er spricht von seinem Hubertuserlebnis: wie der Partisan im Krieg auf ihn anlegte, doch seine Liebe zum Mitmenschen stärker war als die Angst vor dem Tod. »Versöhnung muß in der ersten Stunde beginnen.« Das »Liebet eure Feinde« erweitert zum »Keine

Feinde!«

Er flüstert nur noch. Er ist müde.

Er schmunzelt, und seine Augen flackern schelmisch: »Bruder Esel ist als Dienstfahrzeug fast unbrauchbar geworden.« In seinen Augen sieht man einen Wilhelm ohne Angst, voller Mut für den nächsten Schritt und allzeit bereit, seinen »Dienstbereich zu wechseln«, wie er es uns und sich mit auf den Weg gibt.

In tiefer Dankbarkeit
Eugen Pletsch und Werner Pieper
im Dezember 1987

---

* Parteigenosse
** amerikanischer Schriftsteller, diverse Bücher im Fischer Verlag, u. a. *Reise nach Ixtlan* und *Erzählungen der Macht.*

Niemals Gewalt mangels Geist!

Auszüge aus einer Rundfunksendung mit und über Wilhelm Fabricius von Thomas Lehner (gesendet am 16.12.1979 im Südwestfunk und dem WDR).

Wilhelm Fabricius gehört zu einer merkwürdigen Bewegung, die sich Neue Gruppe der Weltdiener nennt und offensichtlich Testament und Christentum auf eine besondere Art interpretiert, so nämlich, daß Übereinstimmung mit den urältesten heidnischen Weltanschauungen bestehe. Daß z. B. Hercules und andere Helden nur Weltendiener, einfache Vorläufer von Christus gewesen seien. Da blitzt das alte iro-schottische Christentum durch, das Europa stark beeinflußt hat, bis Papst und Kaiser etwas dagegen unternahmen, aber das ist wieder eine ganz andere Geschichte. Bleiben wir dabei, daß der alte Pfadfinder glaubt, gute und böse Gedanken könnten den Lauf der

Welt ändern. Erinnernn wir uns an seine Umweltschutz-Koalition sogar mit Kommunisten und den Wahlspruch: Niemals Gewalt mangels Geist! ... Er gibt sich nicht mit dem Negativen ab. Und das ist sein Geheimnis: Er sieht im Bösen den Kern des Guten. Wie Wilhelm Fabricius das sieht, was er Dienst nennt, dünkt mich eine Mischung aus beinahe kindlichem Glauben an den lieben Gott – die Liebe Gottes, wie er sagt – und tiefe Einsicht in ein religiös magisches Weltbild, das dem Glauben unserer Altvorderen Kelten, Germanen und Indianer nähersteht als dem modernen naturwissenschaftlichen Zeitalter. Ist er deshalb ein Gestriger?

Als Fabricius seine Gedanken unter dem Titel: »Geister und Abergeister« als »Grünen Zweig 58« in der Odenwälder Hippi-Presse veröffentlichte, begann sogleich der Streit darüber, ob der alte Förster nun ein Rübezahl aus dem Nazi-Vorgarten sei oder ein europäischer Medizinmann. Der politische Buchladen Bochum nannte Fabricius' Schrift »Faschistischen Dreck im alternativen Gewand« und rief zu einem Boykott der »Grünen Zweige« auf. Die Hippies ihrerseits stellten sich einmütig vor ihren Medizinmann und verspotteten die Kohlenpott-Genossen ob ihrer ideologischen Scheuklappen. Die Zeitschrift »Kompost« schrieb: »Fabricius hilft uns, den faschistischen Rattenfängern von heute Widerstand zu leisten, ihnen den Boden zu entziehen, damit wir uns unsere Geschichte wieder aneignen und damit Wege eines anderen Lebens jenseits der Knechtschaft aufzeigen können, allen, die den Nazis derzeit noch aufsitzen.«

Das Erlebnis des Hubertus